SAMMLUNG GÖSCHEN BAND 921

WOLFRAM VON ESCHENBACH
PARZIVAL

Eine Auswahl
mit Anmerkungen und Wörterbuch

von

DR. HERMANN JANTZEN

Zweite Auflage bearbeitet von

DR. HERBERT KOLB

WALTER DE GRUYTER & CO.
vormals G. J. Göschen'sche Verlagshandlung · J. Guttentag,
Verlagsbuchhandlung · Georg Reimer · Karl J. Trübner · Veit & Comp.
BERLIN 1957

Inhaltsverzeichnis

Seite

Vorbemerkung 3

Einleitung 4

Parzival 11

Eingang 11

Erstes Buch: Gahmuret und Belakane (Inhaltsangabe) 13

Zweites Buch: Gahmuret und Herzeloyde (Inhaltsangabe) 13

Drittes Buch: Parzivals Jugend und Eintritt in die Welt 14

Viertes Buch: Parzival und Kondwiramur (Inhaltsangabe) 30

Fünftes Buch: Parzival kommt zum Gral 31

Sechstes Buch: Parzival an Artus' Hofe. 40

Siebentes und achtes Buch: (Inhaltsangabe) 68

Neuntes Buch: Parzival bei Trevrizent 69

Zehntes bis vierzehntes Buch: (Inhaltsangabe) . . . 95

Fünfzehntes Buch: Parzival und Feirefiz 96

Sechzehntes Buch: Parzival wird Gralkönig 103

Wörterverzeichnis 110

Bibliographischer Hinweis 128

Archiv-Nr. 110 921
Thormann & Goetsch, Berlin-Neukölln
Printed in Germany

Vorbemerkung

Der erste Herausgeber dieses Bändchens, dem ebenso wie die Auswahl der Textstellen, die Mühe der überleitenden Inhaltsangaben und die Sorgfalt des Wörterverzeichnisses sowie der Anmerkungen auch die Gestaltung der Textform zuzuerkennen ist, hat sich hierbei im wesentlichen an die von Karl Weinhold besorgte 5. Ausgabe (Berlin 1891) des Parzival im I. Bd. der Werke Wolframs von Eschenbach nach Karl Lachmanns *editio princeps* von 1833 gehalten. Die geringfügigen Änderungen, die er an dem Lachmannschen Text vornahm, entstanden hauptsächlich aus einer gewissen Vorliebe für altertümlichere Lautformen (z. B. regelmäßig *rîter* für *ritter*, *saget(e)* für *sagt(e)*, *nemet* für *nemt* usw.) und aus dem Bestreben, gewisse Eingriffe in die handschriftlich überlieferte Form des Textes, zu denen sich Karl Lachmann nach (heute überholten) metrischen Prinzipien berechtigt glaubte, zu mildern oder ganz zu beseitigen.

Der neueste Herausgeber und Bearbeiter des Lachmannschen Textes ist darin noch weiter gegangen: „Auch die durch die eng gefaßten metrischen Regeln Lachmanns bedingten Wortverkürzungen oder Wortverschlingungen, die bisher immer das Schriftbild gestört und das Lesen erschwert hatten, habe ich in Übereinstimmung mit der heutigen Auffassung der mhd. Verslehre der üblichen Schreibung angepaßt" (E. Hartl, S. XLIII). Außerdem unterscheidet sich die äußere Gestalt der neuesten Ausgabe, verglichen mit der im wesentlichen auf Lachmann beruhenden Schreibweise des vorliegenden Textes, durch größere Konsequenz und Einheitlichkeit in der Orthographie (z. B. regelmäßig *v-* im Wort- und Silbenanlaut, wo L. zwischen *f-* und *v-* schwankt; regelmäßig *c-* in anlautender Konsonantenverbindung statt *k-* bei L.; konsequent *pf* für die Affrikata, die L. oft mit *ph* wiedergibt). Im ganzen darf gesagt werden, daß die geringfügige Verschiedenheit des Schriftbildes unseres Wolfram-Textes von dem anderer Ausgaben für eine erste Einführung und das Verständnis der Dichtung, denen dieses Auswahlbändchen doch dienen soll, unerheblich ist. Alle Herausgeber haben die wahrscheinlich auf Wolfram selbst zurückgehende und in den meisten Handschriften deutlich zu erkennende Einteilung des Parzival in 16 Bücher und in Abschnitte zu je 30 Versen beibehalten.

Dem vorliegenden Bändchen ist auf S. 128 ein bibliographischer Hinweis angefügt, der weiterer Beschäftigung mit Wolframs Gralerzählung den Weg zu Texten, Übersetzungen, Darstellungen und Untersuchungen zeigen möchte.

Einleitung

Das Jahrhundert von 1150—1250, an Eigenart, Höhe und Vielgestaltigkeit seiner literarischen Hervorbringungen das fruchtbarste Jahrhundert des europäischen Mittelalters und eines der reichsten der europäischen Literaturen überhaupt, schuf auch die Gralromane, von denen Wolframs von Eschenbach Parzival sicher die abgerundetste, reifste und überzeugendste Gestaltung genannt werden darf, zu einem Teil schon deshalb, weil der deutsche Dichter als erster und bis dahin einziger unter den Gralautoren sein Werk als ein Ganzes bewältigt und hinterlassen hat. Wolframs Gralerzählung, nach einem guten Jahrzehnt literarischer Arbeit etwa 1210 vollendet, wurde in Deutschland schon zu seinen Lebzeiten und nicht weniger von der Nachwelt als ein Gipfel höfischer Dichtung empfunden und bewertet. Davon zeugt die Tatsache, daß sich kein anderes Werk seiner Art in so vielen Handschriften und -bruchstücken (im ganzen 85) bis in unsere Zeit erhalten hat, ebenso sehr wie die ausdrückliche Wertschätzung, derer sich der Dichter noch über Jahrhunderte hin erfreuen konnte. Sie findet sich bereits ausgesprochen in Urteilen wie dem seines Zeitgenossen und Landsmannes Wirnt von Grafenberg, der in seinem einzig uns bekannten epischen Werk von Wolfram, dem *wîsen man von Eschenbach*, rühmend sagte: *leien munt nie baz gesprach* (Wigalois, v. 6346).

I. Der Parzival ist der höfischen Literatur zugehörig, die in den Jahrzehnten um 1200 im ganzen westlichen Europa ihren Höhepunkt und ihre größte Dichte erreichte. Er gehört zur höfischen Literatur insofern, als er aus dem Geist eines in der Welt verhafteten und verpflichteten Rittertums von feinster Kultivierung und hohem ständischem Bewußtsein geschrieben ist und über weite Strecken in der bevorzugten Region ritterlich-höfischer Erzählkunst verweilt: in dem sonderbar irrealen, anaturalistischen und der Wirklichkeit jener Zeit gegenüber autonomen Reich des Königs Artus. Dieses Artusreich, von keltischer Volkssage ausgehend und durch die Literatur erst geschaffen und ausgestaltet, ist der imaginäre Mittelpunkt einer übernationalen ständischen Gesellschaft, die wir die höfische nennen. In ihm bringt die Literatur eine ideale Formung hervor, die, wie sehr oder wie wenig die Gesellschaft jener Zeit ihr wirklich nahegekommen sein mag, vom Rittertum als zeitlos gültig, unwandelbar und über Grenzen hinweg beispielgebend angesehen wird. Alles Rittertum jener Jahrzehnte, soweit es über seine vitalen und politischen Funktionen hinaus die Muße literarischer Unterhaltung und durch die Literatur geprägter Gesellschaft pflegt, weiß sich auf das Artusreich bezogen und, dort seiner zeitgebundenen Aufgaben enthoben, in einer reineren und höheren Potenz repräsentiert durch den Hof und die Tafelrunde des Königs Artus, an der die zwölf Besten und Edelsten in schöner Gleichheit ihres Ranges versammelt sind.

Es ist verständlich, daß dieses Artusreich, imaginärer Beziehungspunkt der literarisch ungemein interessierten und aufgeschlossenen höfischen Gesellschaft, durch die Verlockung seines schönen Scheins und durch das Verführerische seiner eigentümlichen, märchenhaften Gesetzlichkeit leicht die Gefahr heraufbeschwören konnte, der die im Zugewandten zu erliegen drohten: die Gefahr der Verselbständigung und gänzlichen Loslösung höfischer Vorstellungs- und Erlebnisformen vom Realen, die Gefahr der völligen Ästhetisierung des höfischen Rittertums, das in der schimmernden schönen Idealität des Artusreiches sich wiederzuerkennen versucht war. Wolfram von Eschenbach gehörte zu jenen, die sich der realen, der geistigen und religiösen Grundlagen ihres Standes bewußt geblieben waren und mit Entschiedenheit das ihre taten, um das Bewußtsein ritterlichen Auftrags in der Welt und ritterlicher Verantwortung vor Gott wachzuhalten und — wenn nötig — wachzurütteln. Sein Gralepos, ohne je zu verleugnen, in Teilen Artusroman zu sein, geht weit über den Artusroman hinaus und ist zugleich Überwindung des bloßen Artusromans, indem er dem Artusreich eine höhere ritterliche Daseinsform überordnet: die Gralritterschaft, um das Geschlecht der Gralkönige versammelt, mit dem Gral als ihrem kultischen und spiritualen Mittelpunkt.

II. Der Weg, der zum Gral führt und den die Hüter des Grals zu beschreiten haben, ist eine *via media* zwischen höfischem Rittertum in der Nachfolge des Königs Artus, das in einer Welt der schönen Täuschungen sich selbst genug ist und in seiner Selbstgenügsamkeit sich von den Ansprüchen Gottes entfernt hat, und der Nachfolge Gottes in den religiösen Lebensformen der Priester und Mönche. Der Leitspruch dieses mittleren Weges, auf dem nach Wolframs Glauben der ritterliche Mann beiden, der Welt und Gott, Genüge und Gerechtigkeit tun kann, ist vom Dichter an der exponiertesten Stelle der Erzählung, im Epilog, formuliert worden: Wer sein Leben so vollendet, daß das Streben seiner Seele zu Gott durch das Begehren des Leibes keinen Schaden erleidet, und wer auf der anderen Seite sich die Zuneigung der Welt mit Würde bewahren kann, den hat zeitlebens ein nützliches und segensreiches Bemühen geleitet (827, 19–24). Dieser Leitsatz des Parzival, der den kategorischen Imperativ christlichen Rittertums in sich schließt, ist nicht Wolframs alleiniges Eigentum; er teilt ihn mit anderen höfischen Dichtern des 12. Jahrhunderts und der Jahrhundertwende. Doch nirgends ist er der Darstellung eines Menschenschicksals so tief und vollkommen eingeprägt wie in seinem Parzival. Denn der Weg des jungen Gralsuchers, im Kontrast zu der bloß diesseitig-höfischen Lebensführung des Artusneffen Gawan dargestellt, ist von Anfang an ein Tasten nach dieser *via media*, das vor Abirrungen und Ratlosigkeiten nicht bewahrt bleibt und am Ende doch an sein ihm aufgetragenes Ziel gelangt. Es ist ein Dasein, das sich in der Schule ritterlicher Lebensführung unter christlicher Zurechtweisung läutert und erhebt zur Gralwürdigkeit. In diesem Sinne darf man Wolframs Werk einen Erziehungsroman großen Stils nennen, den ersten in deutscher Sprache, den Erziehungsroman des seiner christlichen Grundlage und Zielsetzung bewußten Rittertums.

III. Wolframs poetischer Habitus ist der des geborenen Erzählers, der sich seiner leitenden Gedanken sicher ist, der seinen Stoff überschaut und sich gestattet, hier und dort mit einer persönlichen Bemerkung vor die Bühne des Dargestellten zu treten, anderwärts wiederum in der Lust des Mitteilens sich in das Abseitige und Absonderliche ableiten zu lassen. Selbstbewußt und selbstironisch, von stellenweise großartigem Gestaltungsvermögen und stellenweise abstrusem Nachgeben an das bloß Stoffliche, greift er nur in seltenen Fällen zur direkten Belehrung oder zum gedanklichen Exkurs, die andere ihm zeitgenössische Autoren mit weit größerer Vorliebe und zuweilen mit einer Virtuosität großen Stils handhaben. Wolfram schafft aus einem reichen und tiefen dichterischen *ingenium* und ist unter den deutschen Dichtern des Mittelalters sicher das größte Naturtalent mit der Eigenwüchsigkeit, aber auch Eigenwilligkeit und mitunter Absonderlichkeit einer einzigartigen poetischen Begabung, die mehr aus sich selbst als aus dem Reglement der herkömmlichen mittelalterlichen Poetik verstanden sein will. Wenn Wolfram in einem nicht nur uns, sondern auch schon seinen Zeitgenossen stellenweise dunklen Stil schreibt, so liegt darin sicherlich nicht eine Anlehnung an den *ornatus difficilis* lateinischer Dichtungslehren oder an das *trobar clus* provenzalischer Dichter. Wenn uns seine Metaphorik ungewohnt, seine sprachlichen Symbole tiefsinnig und hintergründig, dem Verstehen oftmals schwer zugänglich erscheinen mögen, so ist es doch abwegig, ein Verständnis dafür anderswo als in Wolframs durch die triviale literarische Schulung nicht gebrochenem poetischen Naturell zu suchen. Er ist um die literarische Disziplinierung seiner großen Zeitgenossen ärmer, reicher aber an sprachlicher und dichterischer Ursprünglichkeit.

Der Parzivaldichter besaß Einsicht und Selbsturteil genug, um die Eigenart seiner geistigen Person zu kennen. Im Prolog zu seinem Willehalm, dem zweiten epischen Werk, hat er sein künstlerisches Selbstbekenntnis mit großem Ernst abgelegt: *swaz an den buochen stêt geschriben,*
des bin ich künstelôs gebliben:
niht anders ich gelêret bin,
wan hân ich kunst, die gît mir sin (2, 19—22).

Das literarische Trivialstudium der *septem artes liberales* hat er nicht empfangen, darin ist er *künstelôs* und *ungelêret* geblieben; seine Kunst gründet sich vielmehr ganz allein auf die ihm vom Schöpfer verliehene Gabe der geistigen Empfänglichkeit und die Fähigkeit des Gestaltens in Wort, Gedanke und Bedeutung — alles dies von Wolfram zusammenfassend ausgedrückt in dem Wort *sin*. Dieses Selbstbekenntnis ist im Grunde schon im Parzival enthalten, wenn auch in etwas anderer, in ungemäßigterer Tonart: stärkeres ritterliches Selbstbewußtsein und schroffere Geringschätzung gelehrter Schulung. Dort sagt er zum ersten: *schildes ambet ist mîn art* (115, 11) und *ich bin Wolfram von Eschenbach unt kan ein teil mit sange* (114, 12—13). Und zum zweiten erklärt er mit etwas aufreizender Übertreibung: *ichne kan deheinen buochstap*, um sich sogleich über den öfter im Prolog ihrer Werke ausgesprochenen Bildungsstolz anderer höfischer Autoren lustig zu machen: *dâ nement genuoge ir urhap* (115, 27—28). Dennoch ist zu bemerken, daß Wolfram nicht schulmäßiges Wissen und Gelehrsamkeit an sich mißachtet, sondern er findet sie nur dem Manne ritterlicher Herkunft und ritterlicher Lebensführung nicht angemessen, nicht zugehörig und nicht geziemend. Dagegen zeigt er sich des ehrerbietigen und liebevollen Verständnisses fähig, wo er die Gestalt des gelehrten Mannes geistlichen Standes zeichnet, und folgt andächtig und hingegeben dessen ausführlichen Unterweisungen in sakralem und profanem Wissen (IX. Buch).

IV. Wolfram von Eschenbach, wie hoch wir seine dichterische Leistung auch immer einschätzen mögen, ist nicht der Schöpfer des Parzival in dem Sinne, daß auch die *inventio* sein Eigen wäre. Die hauptsächlichsten Themen und Materialien schuldet er Dichtern romanischer Sprache, die er als Gralautoren und seine literarischen Vorgänger namentlich nennt: Chrétien von Troyes, den Meister des französischen höfischen Romans, der uns eine unvollendet gebliebene Gralerzählung *(Li contes del graal)* hinterlassen hat, und einen Provenzalen namens Kyot. Es ist bisher nicht gelungen, diesen Kyot, der nach Wolframs wiederholten Versicherungen ein Gralepos in französischer Sprache geschrieben haben soll, mit irgend einem Autor der überaus reichen altfranzösischen Überlieferung überzeugend zu identifizieren oder irgendwo Spuren dieses mysteriösen Dichters oder seines Werkes zu entdecken. Die Erfolglosigkeit aller bisherigen Bemühungen einer Identifikation hat zu der heute in der Forschung verbreiteten Annahme geführt, daß dieser Kyot gar nicht existiert habe, sondern eine Fiktion Wolframs sei, der seinen Autor romanischer Zunge eigens zu dem Zweck erfunden hätte, seine teilweise tiefer eindringende und eigenständige Umgestaltung der klassischen Gralüberlieferung mit dessen Namen zu decken. Die wichtigsten und wirklich Wesentliches betreffenden Verschiedenheiten des Parzival von Chrétiens *Conte del graal*, die unter allen überlieferten Gralerzählungen des Mittelalters als einzige miteinander vergleichbar sind, liegen darin: daß Wolfram, abweichend von dem Meister von Troyes, die Geschichte der Eltern Parzivals der Gralsuche des Sohnes vorausschickt; daß der deutsche Dichter den Gral, einzigartig in der gesamten Überlieferung, als einen wundertätigen Stein aus den Urtagen der Schöpfung darstellt, während er bei Chrétien und in der klassischen Tradition als ein Gefäß erscheint, das seit dem Gralautor Robert von Boron (wahrscheinlich nach Chrétien, aber vor Wolfram oder etwa gleichzeitig mit ihm) mit dem Abendmahlskelche Jesu Christi gleichgesetzt wurde; daß Wolfram in Chrétiens Fragment nur ungefähr drei Viertel der Gralerzählung, die er mit bemerkenswerter Geschlossenheit zum Abschluß führte, hat vorfinden können. Auf welche Weise diese Verschiedenheiten zustande gekommen sein mögen, dies zu erklären, ist die Hauptaufgabe des sog. Kyotproblems, dessen Lösung, von den einen in der Persönlichkeit des deutschen Dichters, von den anderen in noch undurchsichtigen literarischen Zusammenhängen jener Epoche gesucht, wegen seiner Kompliziertheit über die Klärung eines einfachen Quellenverhältnisses hinausgehen würde, sofern sie jemals überhaupt gelänge.

V. Wolfram von Eschenbach ist in das literarische Bewußtsein als der deutsche Graldichter *par excellence* eingegangen; doch unrecht wäre es, darüber seine übrigen Werke zu vergessen. In einem zweiten epischen Werk, dem Willehalm, an dem Wolfram i. J. 1217 noch arbeitete und das uns nicht in der völlig abgeschlossenen Form überliefert ist, wendet er sich einem Stoff aus der französischen Heldendichtung zu. Sein Willehalm als deutsche Bearbeitung einer Chanson de geste, der uns gleichfalls erhaltenen *Bataille d'Aliscans*, berichtet von den Taten des südfranzösischen Grafen Wilhelm von Orange in den Kämpfen zwischen Sarrazenen und Franken, zwischen Heiden und Christen an der unteren Rhone. In der ihm durch den Landgrafen Hermann II. von Thüringen wahrscheinlich literarisch zugekommenen alten Erzählung hat Wolfram die Problematik seiner Zeit zur Darstellung und Anschauung gebracht: einerseits das Thema der Minne, die sich über Schranken des irdischen Daseins hinwegsetzt, um im Einssein mit dem Geliebten eine höhere Daseinsform zu gewinnen; andererseits die Tragik eines weltumspannenden Rittertums, dessen Angehörige, auf beiden Seiten nach einem gemeinsamen Ideal höfischer Humanität geformt und durch den unüberbrückbaren Gegensatz der Religionen dennoch in Freund und Feind geschieden, sich auf dem Schlachtfeld gegenübertreten.

Als wahrscheinlich letztes episches Werk hat Wolfram von Eschenbach die Vorgeschichte zu einer Episode aus seinem Parzival zu schreiben begonnen, den sog. Titurel, dessen Inhalt, in Strophen von eigentümlicher Struktur aus je vier Langzeilen gegliedert und nur aus zwei Fragmenten bekannt, die unerfüllte und zum Unheil führende Minne zwischen Sigune und Schionatulander sein sollte. Sigune, die von ihrem Geliebten nach der Art höfischer Damen, wie sie in den Artusromanen dutzendfach auftreten, Gehorsam, ritterlichen Dienst und *âventiure*hafte Wagnisse verlangt, verschuldet auf solche Weise Schionatulanders Tod und ihr eigenes, lebenslang unerlöstes Leid.

Schließlich kennen wir Wolfram auch als Lyriker; von ihm sind acht Lieder im Stile und in den Liedformen seiner Zeit erhalten, fünf davon gehören einem bestimmten Typus damaliger Situationslyrik zu, dem sog. Tagelied. Es bringt, eine besondere äußere Situation in epischer Weise skizzenhaft andeutend, im Monolog, im Wechsel oder im Dreigespräch mit dem Wächter die Gefühle zweier Liebender in der inneren Situation des Scheidenmüssens im Angesicht des heraufdämmernden Morgens (aprov. *alba*, wovon diese Liedgattung im Romanischen den Namen Alba erhalten hat) nach verflossener Liebesnacht in Worten gegenseitigen Minnebeteuerns und Trennungsschmerzes zum Ausdruck. Es ist bezeichnend für Wolframs im Grunde epische Natur, daß er reine Lyrik im Sinne des Minnesangs, d. h. endlose Reflexion über das Wesen der Minne und Analyse der durch sie hervorgerufenen Zuständlichkeiten in der Seele des höfischen Mannes, nicht geschaffen hat und daß er selbst in den wenigen Liedern, die der zeitgenössischen Minnelyrik am nächsten stehen, seine menschlich und poetisch besondere Art an eigenwilligen Auffassungen und Sprachbildern zu erkennen gibt.

VI. Was wir über Wolframs äußere Lebensumstände wissen oder mit einiger Sicherheit vermuten können, ist nur dieses: Aus niederem Adel stammend, der in der Gegend von Ansbach in Mittelfranken ansässig war, lebte er in den Jahrzehnten von etwa 1170—1220. Es ist möglich, daß er Dienstmann der Grafen von Wertheim am Main gewesen ist, wahrscheinlich, daß er einen Teil seines Gralepos auf der Wildenburg im östlichen Odenwald, auf der damals die Herren von Durne saßen, verfaßt hat. Höhepunkte seines Daseins sind verschiedene Aufenthalte am Hof des Landgrafen Hermann II. von Thüringen gewesen, wo er anderen Dichtern seiner Zeit, unter ihnen Walther von der Vogelweide, begegnete und wo ihm der Auftrag zu seinem Willehalm erteilt wurde. Ferner darf man aus gewissen Detailkenntnissen Wolframs und aus genealogischen Anspielungen schließen, daß er auch die Steiermark im Laufe seines Lebens näher kennengelernt hat. Wir sind berechtigt anzunehmen, daß er sein Leben in der Weise weltoffenen und nicht zu seßhaften Rittertums geführt haben mag, wie er es im Anschluß an eine Erwähnung gerade steirischer Verhältnisse postuliert:

swer schildes ambet üeben wil,
der muoz durchstrîchen lande vil (499, 9—10).

Noch zu Anfang des 17. Jahrhunderts stand sein Grabmal in seinem Heimatort; wir wissen es von einem Nürnberger Patrizier, der es besuchte und in seinem Reisetagebuch beschrieb.

Parzival.

Eingang.

1, 1—14 Grundgedanke des Epos: Religiöser Zweifel ist der Seele eines Mannes verderblich; erfüllt sie aber unverzagter Mut, so ist Hoffnung, daß er den Weg zum Himmel noch finde. Der Haltlose ist ganz der schwarzen Hölle verfallen; der Treugesinnte dagegen, der auch sich selbst zu überwinden vermag, hat teil am lichten Himmel. — 2, 1—16 Wirkung des Gedichtes auf die Leser. — 3, 3—10 Auch die Frauen mögen gute Lehren daraus ziehen. — 4, 9—26 Rückkehr des Gedankens zum Anfang; Hinweis auf den Helden der Erzählung.

Ist zwîvel herzen nâchgebûr,
daz muoz der sêle werden sûr.
gesmæhet unde gezieret
ist, swâ sich parrieret
unverzaget mannes muot,
als agelstern varwe tuot.
der mac dennoch wesen geil:
wand an im sint beidiu teil
des himels und der helle.
der unstæte geselle
hât die swarzen varwe gar
und wirt och nâch der vinster var:

1, 4 swâ sich parrieret = der, in dessen Herzen sich dazu (zum Zweifel) unverzagter Mut gesellt. — 1, 6 Anspielung auf die schwarze und weiße Farbe der Elster.

sô habet sich an die blanken
der mit stæten gedanken.

— — — — — — — — — — — —

wil ich triuwe vinden 2
aldâ si kan verswinden,
als viur in dem brunnen
unt daz tou von der sunnen?
ouch erkante ich nie sô wîsen man,
ern möhte gerne künde hân,
welher stiure disiu mære gernt
und waz si guoter lêre wernt.
dar´an si nimmer des verzagent,
beidiu si vliehent unde jagent,
si entwîchent unde kêrent,
si lasternt unde êrent.
swer mit disen schanzen allen kan,
an dem hât witze wol getân,
der sich niht versitzet noch vergêt
und sich anders wol verstêt.

— — — — — — — — — — — —

vor gote ich guoten wîben bite, 3
daz in rehtiu mâze volge mite.
scham ist ein slôz ob allen siten:
ich endarf in niht mêr heiles biten.
diu valsche erwirbet valschen prîs.
wie stæte ist ein dünnez îs,
daz ougestheize sunnen hât?
ir lop vil balde alsus zergât.

— — — — — — — — — — — —

ein mære wil i'u niuwen, 4
daz seit von grôzen triuwen,
wîplîchez wîbes reht,
und mannes manheit alsô sleht,

2, 1—4 sind die tumben, die Gedankenlosen, gemeint; triuwe ist aufrichtige Gesinnung, Hingabe. — 2, 9 dar an, d. i. mit Bezug darauf. — 10—12 als Objekte der Verba sind aus 1, 10—14 einerseits die unstæte, anderseits die stæte zu entnehmen. — 3, 3 guoten wîben ist Dativus ethicus (desgl. V. 6: in). — 7 diu valsche = diu unstæte. — 4, 9 i'u = ich iu(ch).

diu sich gein herte nie gebouc.
sîn herze in dar an niht betrouc,
er, stahel, swa er ze strîte quam,
sîn hant dâ sigelîchen nam
vil manegen lobelîchen prîs.
er, küene, træclîche wîs,
(den helt ich alsus grüeze)
er wîbes ougen süeze,
unt dâ bî wîbes herzen suht,
vor missewende ein wâriu fluht.
den ich hie zuo hân erkorn,
er ist mæreshalp noch ungeborn,
dem man dirre âventiure giht,
und wunders vil des dran geschiht.

Erstes Buch:

GAHMURET UND BELAKANE.

Gahmuret, ein jüngerer Sohn des Königs von Anjou, zieht aus Abenteuerlust nach dem Morgenlande, wo er längere Zeit dem Kalifen von Bagdad dient. Von da kommt er nach Zazamank, befreit die Mohrenkönigin Belakane, die in ihrer Hauptstadt belagert wird, aus ihrer Bedrängnis und erhält als Lohn Hand und Reich der Königin. Er verläßt jedoch die Heidin bald, weil er sich nach weiteren kühnen Taten sehnt; beider Sohn ist Feirefiz[1]), wie eine Elster schwarz und weiß gefleckt.

Zweites Buch:

GAHMURET UND HERZELOYDE.

Gahmuret kommt nach Spanien und erscheint in glänzendem Aufzuge auf einem Turnier, das Herzeloyde von Waleis und Norgals nach der Hauptstadt Kanvoleiz ausgeschrieben hatte. Er gewinnt den Preis, Hand und

---

4, 14 dar an = in der Erwartung. – 15 „ihn, der wie Stahl war“
[1]) d. i. afrz. vaire fiz, der bunte Sohn. – mæreshalp = wegen der Geschichte (für die G.).

Reich der Herzeloyde; doch ist auch dies Glück von kurzer Dauer. Auf die Nachricht, daß sein Freund, der Kalif von Bagdad, in Bedrängnis sei, eilt er ihm zu Hilfe. Herzeloyde harrt ein halbes Jahr vergeblich auf seine Heimkehr. Schon vorher durch bange Träume erschreckt, empfängt sie die Nachricht von seinem Tode unter herzzerreißenden Klagen. Vierzehn Tage danach wird Parzival geboren.

Drittes Buch:

PARZIVALS JUGEND UND EINTRITT IN DIE WELT.

Frou Herzeloyd diu rîche 116
ir drîer lande wart ein gast:
si truoc der freuden mangels last.
der valsch sô gar an ir verswant, 117
ouge noch ôre in nie dâ vant.
ein nebel was ir diu sunne:
si vlôch der werlde wunne.
ir was gelîch naht unt der tac:
ir herze niht wan jâmers phlac.
Sich zôch diu frouwe jâmers balt
ûz ir lande in einen walt,
zer waste in Soltâne;
niht durch bluomen ûf die plâne.
ir herzen jâmer was sô ganz,
sine kêrte sich an keinen kranz,
er wære rôt oder val.
si brâhte dar durch flühtesal
des werden Gahmuretes kint.
liute, die bî ir dâ sint,
müezen bûwen und riuten.
si kunde wol getriuten
ir sun. ê daz sich der versan,

116, 29 d. i. sie gab Waleis, Norgals und Anschouwe auf. – 117, 9 Wolfram hat das afrz. Adjektiv soltaine (einsam) bei Chrestien als Substantiv gefaßt.

ir volc si gar für sich gewan:
ez wære man oder wîp,
den gebôt si allen an den lîp,
daz se immer rîters wurden lût.
„wan friesche daz mîns herzen trût,
welch rîters leben wære,
daz wurde mir vil swære.
nu habt iuch an der witze kraft
und helt in alle rîterschaft.“
Der site fuor angestlîche vart.
der knappe alsus verborgen wart
zer waste in Soltâne erzogen, 118
an küneclîcher fuore betrogen;
ez enmöht an eime site sîn:
bogen unde bölzelîn
die sneit er mit sîn selbes hant,
und schôz vil vogele die er vant.
swenne aber er den vogel erschôz,
des schal von sange ê was sô grôz,
sô weinde er unde roufte sich,
an sîn hâr kêrt er gerich.
sîn lîp was klâr unde fier:
ûf dem plân am rivier
twuog er sich alle morgen.
erne kunde niht gesorgen,
ez enwære ob im der vogelsanc,
die süeze in sîn herze dranc:
daz erstracte im sîniu brüstelîn.
al weinde er lief zer künegîn.
sô sprach si: „wer hât dir getân?
du wære hin ûz ûf den plân.“
ern kunde es ir gesagen niht,
als kinden lîhte noch geschiht.
dem mære gienc si lange nâch.

117, 27 „nun nehmt euren Verstand zusammen“. – 118, 14 gesorgen = sich Sorgen machen. – 16 „die“ mitteldeutsche Form für „der“. – 18 weinde = weinende. – 19 Objekt zu getân ist „etwas“.

eins tages si in kapfen sach
ûf die boume nâch der vogele schal.
si wart wol innen daz zeswal
von der stimme ir kindes brust.
des twang in art und sîn gelust.
frou Herzeloyde kêrt ir haz
an die vogele, sine wesse um waz:
si wolt ir schal verkrenken. 119
ir bûliute unde ir enken
die hiez si vaste gâhen,
vogele würgen und vâhen.
die vogele wâren baz geriten:
etslîches sterben wart vermiten:
der bleip dâ lebendic ein teil,
die sît mit sange wurden geil.
Der knappe sprach zer künegîn:
„waz wîzet man den vogelîn?“
er gerte in frides sâ zestunt.
sîn muoter kuste in an den munt,
diu sprach: „wes wende ich sîn gebot,
der doch ist der hœhste got?
suln vogele durch mich freude lân?“
der knappe sprach zer muoter sân:
„ôwê muoter, waz ist got?“
„sun, ich sage dirz âne spot:
er ist noch liehter denne der tac,
der antlitzes sich bewac
nâch menschen antlitze.
sun, merke eine witze
und flêhe in umbe dîne nôt:
sîn triwe der werlde ie helfe bôt.
sô heizet einr der helle wirt:
der ist swarz, untriwe in niht verbirt.
von dem kêr dîne gedanke,
und och von zwîvels wanke.“

119, 11 sâ zestunt ist verstärktes sâ. — 18 âne spot = aufrichtig. — 20f. „der ein Antlitz wie das eines Menschen angenommen hatte“. —

sîn muoter underschiet im gar
daz vinster und daz lieht gevar.
dar nâch sîn snelheit verre spranc. 120
er lernte den gabilôtes swanc,
dâ mite er manegen hirz erschôz,
des sîn muoter und ir volc genôz.
ez wære æber oder snê,
dem wilde tet sîn schiezen wê.
nu hœret fremdiu mære.
swenne er erschôz daz swære,
des wære ein mûl geladen genuoc,
als unzerworht hin heim erz truoc.
  Eins tages gieng er den weideganc
an einer halden, diu was lanc:
er brach durch blates stimme en zwîc.
dâ nâhen bî im gienc ein stîc:
dâ hôrt er schal von huofslegen.
sîn gabilôt begunde er wegen.
dô sprach er: „waz hân ich vernomen?
wan wolt et nu der tiuvel komen
mit grimme zorneclîche!
den bestüende ich sicherlîche.
mîn muoter freisen von im saget:
ich wæne ir ellen sî verzaget.“
alsus stuont er in strîtes ger.
nu seht, dort kom geschûftet her
drî rîter nâch wunsche var,
von fuoze ûf gewâpent gar.
der knappe wânde sunder spot,
daz ieslîcher wære ein got.
dô stuont ouch er niht langer hie,
in den phat viel er ûf sîniu knie.
lûte rief der knappe sân: 121

120, 1 sîn snelheit = er, der Schnelle.

120, 8 daz swære = ein Wild von solchem Gewicht. — 13 „um auf dem Blatte zu pfeifen“. — 13 en = den. — 18 „wollte doch nur jetzt der Teufel kommen!“ — 25 d. i. in höchstem Glanze.

„hilf, got! du maht wol helfe hân."
der vorder zornes sich bewac,
dô der knappe im phade lac:
„dirre tœrsche Wâleise
unsich wendet gâher reise."

Indessen kommt noch ein Ritter in kostbarer Rüstung angesprengt.

Aller manne schœne ein bluomen kranz, 122
den vrâgte Karnahkarnanz:
„junchêrre, sâht ir für iuch varn
zwên rîter die sich niht bewarn
kunnen an rîterlîcher zunft?
si ringent mit der nôtnunft
und sint an werdekeit verzaget:
si füerent roubes eine maget."
der knappe wânde, swaz er sprach,
ez wære got, als im verjach
frou Herzeloyd diu künegîn,
dô sim underschiet den liehten schîn.
dô rief er lûte sunder spot:
„nu hilf mir, hilferîcher got."
vil dicke viel an sîn gebet
fil li roy Gahmuret.
der fürste sprach: „ich pin niht got,
ich leiste ab gerne sîn gebot.
du maht hie vier rîter sehen, 123
ob du ze rehte kundest spehen."
der knappe frâgte fürbaz:
„du nennest rîter, waz ist daz?
hâstu niht gotlîcher kraft,
sô sage mir, wer gît rîterschaft?"
„daz tuot der künec Artûs.

121, 3 d. i. wurde zornig. – 122, 13 Parz. ist gemeint. – 14 der vierte Ritter, der eben angesprengt kam.

122, 18f. „sie führen nur Gewalttätigkeit im Sinne und haben auf ihre Würde verzichtet." – 28 altfrz. fil le roi = Sohn des Königs. – 123, 6 gît = gibet.

junchêrre, komt ir in des hûs,
der bringet iuch an rîters namen,
daz irs iuch nimmer durfet schamen.
ir muget wol sîn von rîters art.“

— — — — — — — — — — — —

Aber sprach der knappe sân,
dâ von ein lachen wart getân:
„ay rîter got, waz mahtu sîn?
du hâst sus manec vingerlîn
an dînen lîp gebunden,
dort oben unt hie unden.“
aldâ begreif des knappen hant
swaz er îsers ame fürsten vant.
dez harnasch begund er schouwen:
„mîner muoter juncfrouwen
ir vingerlîn an snüeren tragent,
diu niht sus an einander ragent.“
der knappe sprach durch sînen muot 124
zem fürsten: „war zuo ist ditz guot,
daz dich sô wol kan schicken?
ine mag es niht abe gezwicken.“
Der fürste ime zeigete sâ sîn swert:
„nu sich, swer an mich strîtes gert,
des selben wer ich mich mit slegen:
für die sîne muoz ich an mich legen,
und für den schuz und für den stich
muoz ich alsus wâpen mich.“

Der Ritter entfernt sich und erfährt von pflügenden Knechten den Weg des Räubers. P. begibt sich zu seiner Mutter.

Der knappe enruochte ouch wer dô schôz 125
die hirze kleine unde grôz:
er huop sich gein der muoter wider
und sagete ir mær. dô viel si nider:

123, 21 P. hält den Ritter immer noch für Gott. – 22ff. Der Ring- oder Kettenpanzer war im 12. und 13. Jahrh. allgemein.

sîner worte si sô sêre erschrac, 126
daz si unversunnen vor im lac.
dô diu küneginne
wider kom zir sinne,
swie si dâ vor wære verzaget,
dô sprach si: „sun, wer hât gesaget
dir von rîters orden?
wâ bist dus innen worden?“
„muoter, ich sach vier man
noch liehter danne got getân:
die sageten mir von rîterschaft.
Artûs' künneclîchiu kraft
sol mich nâch rîters êren
an schildes ambet kêren.“
sich huop ein niuwer jâmer hie.
diu frouwe enwesse rehte, wie
daz si ir den list erdæhte
unde in von dem willen bræhte.
Der knappe tump unde wert
iesch von der muoter dicke ein pfert.
daz begunde se in ir herzen klagen.
si dâhte: „in wil im niht versagen:
ez muoz aber vil bœse sîn.“
dô gedâhte mêr diu künegîn:
„der liute vil bî spotte sint.
tôren kleider sol mîn kint
ob sîme liehten lîbe tragen.
wird er geroufet unt geslagen,
sô kumet er mir her wider wol.“
ôwê der jæmerlîchen dol!
diu frouwe nam ein sactuoch: 127
si sneit im hemde unde bruoch,
daz doch an eime stücke erschein,
unz enmitten an sîn blankez bein.

126, 14 d. i. mir den Ritterschlag erteilen. — 25 d. i. sie lieben den Spott. — 127, 3 das Relat. bezieht sich auf beide Substantive zurück. —

daz wart für tôren kleit erkant.
ein gugel man obene drûfe vant.
al frisch rûch kelberîn
von einer hût zwei ribbalîn
nâch sînen beinen wart gesniten.
dâ wart grôz jâmer niht vermiten.
diu künegîn was alsô bedâht,
si bat belîben in die naht:
„dune solt niht hinnen kêren,
ich wil dich list ê lêren.
an ungebanten strâzen
soltu tunkel fürte lâzen:
die sîhte unde lûter sîn,
dâ soltu al balde rîten în.
du solt dich site nieten,
der werlde grüezen bieten.
op dich ein grâ wîse man
zuht wil lêrn als er wol kan,
dem soltu gerne volgen
und wis im niht erbolgen.
sun, lâ dir bevolhen sîn,
swâ du guotes wîbes vingerlîn
mügest erwerben und ir gruoz,
daz nim: ez tuot dir kumbers buoz.
du solt zir kusse gâhen
und ir lîp vaste umbevâhen:
daz gît gelücke und hôhen muot, 128
op si kiusche ist unde guot."

Am nächsten Morgen reitet P. von dannen. Herzeloyde übersteht den Trennungsschmerz nicht, sie sinkt tot nieder, als er ihren Blicken entschwindet. Allzu wörtlich befolgt P. der Mutter Lehren, als er Jeschute, des Orilus Gemahlin, in einem Zelte trifft, die infolgedessen schwere Prüfungen zu erdulden hat. Er zieht sorglos weiter, jeden grüßend mit dem Zusatz „sus riet mir mîn muoter".

127, 7 die Adjektive sind mit hût zu verbinden. — 21 grâ d. i. altersgrau.

Sus kom unser tœrscher knabe 138
geriten eine halden abe.
wîbes stimme er hôrte
vor eines velses orte.
ein frouwe ûz rehtem jâmer schrei:
ir was diu wâre freude enzwei.
der knappe reit ir balde zuo.
nu hœret waz diu frouwe tuo.
dâ brach frou Sigûne
ir langen zöpfe brûne
vor jâmer ûzer swarten.
der knappe begunde warten:
Schîânatulander
den fürsten tôt dâ vand er
der juncfrouwen in ir schôz.
aller schimphe si verdrôz.
„er sî trûric oder freuden var,
die bat mîn muoter grüezen gar;
got halde iuch!“ sprach des knappen munt,
ich hân hie jæmerlichen funt
in iwerm schôze funden.

Teilnehmend erkundigt er sich nach dem toten Ritter und erbietet sich zur Rache.

Nu hœrt ouch von Sigûnen sagen: 139
diu kunde ir leit mit jâmer klagen.
si sprach zem knappen: „du hâst tugent.
gêret sî dîn süeziu jugent
unt dîn antlütze minniclîch.
deiswâr du wirst noch sælden rîch.
disen rîter meit daz gabilôt:
er lac ze tjostieren tôt.
du bist geborn von triuwen 140
daz er dich sus kan riuwen.“

138, 17 Sigune war die Tochter von Herzeloydens Schwester Schoysiane, ihr Geliebter ist ein Enkel Gurnamanz' und von Orilus (d. i. altfrz. orgueilleus „Der Stolze“) im Zweikampfe getötet worden. — 140, 1 die „triuwe“ ist dir angeboren.

ê si den knappen rîten lieze,
si vrâgte in ê wie er hieze,
und jach er trüege den gotes vlîz.
„bon fîz, scher fîz, bêâ fîz,
alsus hât mich genennet
der mich dâ heime erkennet.“
dô diu rede was getân,
si erkande in bî dem namen sân.
nu hœrt in rehter nennen,
daz ir wol müget erkennen
wer dirre âventiure hêrre sî:
der hielt der juncfrouwen bî.
ir rôter munt sprach sunder twâl:
„deiswâr du heizest Parzivâl.
der name ist ‘rehte enmitten durch.’
grôz liebe ier solch herzen furch
mit dîner muoter triuwe:
dîn vater liez ir riuwe.
ichn gihe dirs niht ze ruome,
dîn muoter ist mîn muome,
und sage dir sunder valschen list
die rehten wârheit, wer du bist.
dîn vater was ein Anschevîn:
ein Wâleis von der muoter dîn
bistû geborn von Kanvoleiz.
die rehten wârheit ich des weiz.
du bist och künec ze Norgâls:
in der houbetstat ze Kingrivâls
sol dîn houbet krône tragen.“ 141

Um P. seine Königreiche zu erhalten, stritt Schianatulander und wurde von Orilus erschlagen. P. gelobt Rache, Sig. jedoch weist ihn auf einen falschen Weg. Nachdem er bei einem habsüchtigen Fischer die Nacht verbracht,

140, 5 Gott ist als Künstler gedacht, dessen Fleiß an P. sichtbar ist.

140, 17 ist = bedeutet. Diese Deutung legt die altfrz. Namensform Perceval zugrunde (percer = durchdringen, val = Tal); Chrestien erklärt den Namen als „Walddurchstreifer“. Die folgenden Verse setzen die Deutung in Beziehung zu Herzeloydens Schicksal.

begibt er sich nach Nantes an des Artus Hof, besiegt den gewaltigen roten Ritter Ither[1]), legt dessen Rüstzeug über sein Narrenkleid an, besteigt sein Pferd und reitet wie mit Vogelflug, bis er am Abend zu einer Burg gelangt.

Gurnemanz de Grâharz hiez der wirt 162
ûf dirre burc dar zuo er reit.
dâ vor stuont ein linde breit
ûf einem grüenen anger:
der was breiter noch langer
niht wan ze rehter mâze.
daz ors und ouch diu strâze
in truogen dâ er sitzen vant
des was diu burc unt ouch daz lant.
ein grôziu müede in des betwanc,
daz er den schilt unrehte swanc,
ze verre hinder oder für,
et ninder nâch der site kür
die man dâ gein prîse maz.
Gurnemanz der fürste al eine saz:
ouch gap der linden tolde
ir schaten, als si solde,
dem houbetman der wâren zuht.
des site was vor valsche ein fluht,
der enpfienc den gast: daz was sîn reht.
bî im was rîter noch kneht.
sus antwurte im dô Parzivâl
ûz tumben witzen sunder twâl:
„mich pat mîn muoter nemen rât
ze dem der grâwe locke hât.
dâ wil ich iu dienen nâch, 163
sît mir mîn muoter des verjach.“
„Sît ir durch râtes schulde
her komen, iuwer hulde

[1]) Ither ist der Sohn einer Base des Artus und P.s Vetter, wie dieser später erfährt.

162, 19 d. i. der man den Preis zuerkannte. — 26 kneht ist ein Knappe, der noch nicht zum Ritter geschlagen ist.

müezt ir mir durch râten lân,
und welt ir râtes volge hân."
Dô warf der fürste mære
ein mûzerspärwære
von der hende. in die burc er swanc:
ein guldîn schelle dran erklanc.
daz was ein bote: dô kom im sân
vil junchêrren wol getân.
er bat den gast, den er dâ sach,
în füern und schaffen sîn gemach.
der sprach: „mîn muoter saget al wâr:
altmannes rede stêt niht ze vâr."
hin în sin fuorten al zehant,
da er manegen werden rîter vant.
ûf dem hove an einer stat
ieslîcher in erbeizen bat.
dô sprach an dem was tumpheit schîn:
„mich hiez ein künec rîter sîn:
swaz halt drûffe mir geschiht,
ine kum von disem orse niht.
gruoz gein iu riet mîn muoter mir."
si dancten beidiu im unt ir.
dô daz grüezen wart getân
(daz ors was müede und ouch der man),
maneger bete si gedâhten,
ê sin von dem orse brâhten
in eine kemenâten. 164
si begunden im alle râten:
„lâtz harnasch von iu bringen
und iweren liden ringen." 4

Endlich läßt er sich die Rüstung abnehmen; über die Narrenkleider darunter spötteln die Knappen. — An seinem Körper entdeckt man blutige Quetschungen.

Si giengen dâ si funden 165
Parzivâln den wunden

163, 6 d. i. wenn ich eurem Wunsche nach Rat willfahren soll. — 10 die Jagdvögel trugen Schellen an den Beinen. — 23 drûffe = dar ûffe, hier = deshalb. — 164, 3 lâtz = lât daz, harnasch ist Neutrum.

von eime sper, daz bleip doch ganz.
sîn underwant sich Gurnemanz.
sölch was sîn underwinden,
daz ein vater sînen kinden,
der sich triuwe kunde nieten,
möhtez in niht paz erbieten.
sîne wunden wuosch unde bant
der wirt mit sîn selbes hant.

Dô was ouch ûf geleit daz prôt.
des was dem jungen gaste nôt,
wand in grôz hunger niht vermeit.
al vastende er des morgens reit
von dem vischære.
sîn wunde und harnasch swære,
die vor Nantes er bejagete,
im müede und hunger sagete;
unt diu verre tagereise
von Artûse dem Berteneise,
dâ mann allenthalben vasten liez.
der wirt in mit im ezzen hiez:
der gast sich dâ gelabte.
in den barn er sich sô habte,
daz er der spîse swande vil.
daz nam der wirt gar zeime spil:
dô bat in vlîzeclîche 166
Gurnemanz der triuwen rîche,
daz er vaste æze
unt der müede sîn vergæze.

Man huop den tisch, dô des wart zît.
„ich wæne daz ir müede sît,“
sprach der wirt: „wært ir iht fruo?“
„got weiz, mîn muoter slief duo.
diu kan sô vil niht wachen.“
der wirt begunde lachen,

165, 7 P. hatte im Kampf mit Ither keinen Schild.

165, 28 barn humoristisch zur Bezeichnung von P.s Eßgier. – 30 d. i. er ergötzte sich daran. – 166, 7 waert = wâret.

er fuorte in an die slâfstat.
der wirt in sich ûz sloufen bat:
ungerne erz tet, doch muost ez sîn.
ein declachen härmîn
wart geleit übr sînen blôzen lîp.
sô werde fruht gebar nie wîp.

Als P. am anderen Morgen gebadet und geschmückt ist, sind alle voll des Lobes über ihn; bei Tisch erzählt er auf des Gurnemanz Frage treuherzig all seine Erlebnisse.

Dô man den tisch hin dan genam, 170
dar nâch wart wilder muot vil zam.
der wirt sprach zem gaste sîn:
„ir redet als ein kindelîn.
wan geswîgt ir iuwerr muoter gar?
und nemet anderr mære war.
habet iuch an mînen rât:
der scheidet iuch von missetât.
sus hebe ich an: lâts iuch gezemen.
ir sult niemer iuch verschemen.
verschamter lîp, waz touc der mêr?
der wonet in der mûze rêr,
dâ im werdekeit entrîset
unde in gein der helle wîset.
ir tragt geschickede unde schîn,
ir muget wol volkes hêrre sîn.
ist hôch und hœht sich iuwer art,
lât iweren willen des bewart,
iuch sol erbarmen nôtec her:
gein des kumber sît ze wer
mit milte und mit güete:
vlîzet iuch diemüete.
der kumberhafte werde man
wol mit schame ringen kan

166, 16 „so große Schönheit". — 170, 8 bezieht sich auf die nun folgende Unterweisung P.s. — 15 d. i. „nehmt es euch zu Herzen". — 18 „der lebt beständig in der Mauserzeit". — 21 schîn hier Subst. = herrliches Aussehen. — 23 iuwer art = ir. — 26 d. i. seid zur Abwehr bereit.

(daz ist ein unsüez arbeit): 171
dem sult ir helfe sîn bereit.
swenne ir dem tuot kumbers buoz,
sô nâhet iu der gotes gruoz.
im ist noch wirs dan den die gênt
nâch porte aldâ diu venster stênt.
ir sult bescheidenlîche
sîn arm unde rîche.
wan swâ der hêrre gar vertuot,
daz ist niht hêrlîcher muot:
sament er ab schaz ze sêre,
daz sint och unêre.
gebt rehter mâze ir orden.
ich pin wol innen worden
daz ir râtes dürftic sît:
nu lât der unfuoge ir strît.
ir ensult niht vil gevrâgen:
ouch ensol iuch niht betrâgen
bedâhter gegenrede, diu gê
reht als jenes vrâgen stê,
der iuch wil mit worten spehen.
ir kunnet hœren unde sehen,
entseben unde dræhen:
daz solt iuch witzen næhen.
lât erbärme bî der vrävel sîn
sus tuot mir râtes volge schîn.
an swem ir strîtes sicherheit
bezalt, ern habe iu sölhiu leit
getân, diu herzen kumber wesen,
die nemet, und lâzet in genesen.
ir müezet dicke wâpen tragen: 172
so'z von iu kome, daz ir getwagen
undr ougen und an handen sît,

171, 5 im d. i. dem verschämten Armen. — 6 d. h. die nicht ein und aus wissen; andere Lesart nâch brôte st. n. porte. — 24 „das sollte euch vorsichtig machen". — 29 herzen ist Dativ; wesen ist Konjunktiv Präs. 172, 4 iser die eiserne Rüstung.

des ist nâch îsers râme zît.
sô wert ir minneclîch gevar:
des nement wîbes ougen war.
sît manlîch unde wol gemuot:
daz ist ze werdem prîse guot.
und lât iu liep sîn diu wîp:
daz tiwert junges mannes lîp.
gewenket niemer tag an in:
daz ist reht manlîcher sin.
welt ir in gerne liegen,
ir muget ir vil betriegen:
gein werder minne valscher list
hât gein prîse kurze vrist.
dâ wirt der slîchære klage
daz dürre holz ime hage:
daz pristet unde krachet:
der wahtære erwachet.
ungeverte und hâmît,
dar gedîhet manec strît:
diz mezzet gein der minne.
diu werde hât sinne,
gein valsche listeclîche kunst:
swenn ir bejaget ir ungunst,
sô müezet ir gunêret sîn
und immer dulten schemenden pîn.
dise lêre sult ir nâhe tragen:
ich wil iu mêr von wîbes orden sagen.
man und wîp diu sint al ein, 173
als diu sunn diu hiute schein
und ouch der name der heizet tac.
der enwederz sich gescheiden mac:
si blüent ûz eime kerne gar
des nemet künsteclîche war."

172, 17 das Subjekt ist V. 18. Das Bild will sagen: so verrät sich der Frauenbetrüger. — 21 ff. die Folge davon, mit List in das Gehege der Minne eindringen zu wollen, ist Kampf und Streit. — 24 f. die wahre Liebe merkt die List.

Der gast dem wirt durch râten neic.
sîner muoter er gesweic
mit rede, und in dem herzen niht,
als noch getriuwem man geschiht.

Auch das kunstgerechte Tjostieren lernt P. von Gurnemanz. Nach einigen Wochen reitet er fort; Gurnemanz hat ihn lieb gewonnen und klagt, er verliere in ihm einen Sohn.

Viertes Buch:

PARZIVAL UND KONDWIRAMUR.

Dannen schiet sus Parzivâl. 179
rîters site und rîters mâl
sîn lîp mit zühten fuorte,
ôwê, wan daz in ruorte
manec unsüeziu strenge,
im was diu wîte z'enge
und ouch diu breite gar ze smal:
elliu grüene in dûhte val.
sîn rôt harnasch in dûhte blanc:
sîn herze d'ougen des bedwanc.
sît er tumpheit âne wart,
done wolde in Gahmuretes art
denkens niht erlâzen
nâch der schœnen Lîâzen,
der meide sælden rîche,
diu im geselleclîche
sunder minn bôt êre.

So gelangt er nach Pelrapeire, wo die in Schönheit strahlende Königin Kondwiramur[1]) von Klamide belagert wird. Er befreit sie in mutvollen Kämpfen und wird ihr Gemahl. Klamide und sein Seneschall werden von P. im Zweikampf niedergeworfen und als Gefangene an Artus' Hof geschickt. Bald aber bittet P. seine Gemahlin um Urlaub, um seine Mutter aufzusuchen und Abenteuer zu bestehen.

179, 26 Liasse, Gurnemanz' Tochter, um deren Hand Parzival gebeten hatte, wenn er durch ritterliche Taten sich der Ehre würdig zeigte. — [1]) Mhd. Cundwîrâmûrs aus frz. conduire und amour.

Fünftes Buch:

PARZIVAL KOMMT ZUM GRAL.

Swer ruochet hœren war nu kumet 224
den âventiur hât ûz gefrumet,
der mac grôziu wunder
merken al besunder.
lât rîten Gahmuretes kint.
swâ nu getriuwe liute sint,
die wünschn im heils: wand ez muoz sîn
daz er nu lîdet hôhen pîn,
etswenne ouch freude und êre.
ein dinc in müete sêre,
daz er von ir gescheiden was,
daz munt von wîbe nie gelas
noch sus gesagete mære,
diu schœnr und bezzer wære.
gedanke nâch der künegin
begunden krenken im den sin:
den müese er gar verloren hân,
wær'z niht ein herzehafter man.
mit gewalt den zoum daz ros
truog über ronen und durchez mos:
wandez enwîste niemens hant.
uns tuot diu âventiure bekant
daz er bî dem tage reit,
ein vogel hetes arbeit,
solt erz allez hân erflogen.
mich enhabe diu âventiure betrogen,
sîn reise unnâch was sô grôz
des tages dô er Ithêren schôz,
unt sît dô er von Grâharz
kom in daz lant ze Brôbarz.
Welt ir nu hœrn wiez im gestê? 225
er kom des âbents an einen sê.

224, 7 wünschn ist Konjunktiv.

224, 19 mit gewalt d. i. wie es wollte. — 24 hetes = hete es; ein Vogel hätte Mühe davon. — 30 Brobarz war das Land der Kondwiramur.

dâ heten geankert weideman:
den was daz wazzer undertân.
dô si in rîten sâhen,
si wârn dem stade sô nâhen
daz si wol hôrten swaz er sprach.
einen er im schiffe sach:
der hete an ime alsolch gewant,
ob im dienden elliu lant,
daz ez niht bezzer möhte sîn.
gefurriert sîn huot was pfâwîn.
den selben vischære
begunde er vrâgen mære,
daz er im riete durch got
und durch sîner zühte gebot,
wa er herberge möhte hân.
sus antwurte ime der trûric man.
er sprach: ,,hêrre, mirst niht bekant
daz weder wazzer oder lant
inre drîzec mîln erbûwen sî.
wan ein hûs lît hie bî:
mit triuwen ich iu râte dar:
war möht ir tâlanc anderswar?
dort an des velses ende
dâ kêrt zer zeswen hende.
so'r ûf hin komet an den graben,
ich wæn dâ müezt ir stille haben.
bit die brükke iu nider lâzen
und offen iu die strâzen."
Er tet als im der vischer riet, 226
mit urloube er dannen schiet.
er sprach: ,,komt ir rehte dar,
ich nim iwer hînt selbe war:
sô danket als man iuwer pflege.
hüet iuch: dâ gênt unkunde wege:
ir muget an der lîten

226, 6 d. i. falsche Wege.

wol misserîten,
deiswâr des ich iu doch niht gan.“
Parzivâl der huop sich dan,
er begunde wackerlîchen draben
den rehten pfat unz an den graben.
dâ was diu brükke ûf gezogen,
diu burc an veste niht betrogen.
si stuont reht als si wære gedræt.
ez enflüge od hete der wint gewæt,
mit sturme ir niht geschadet was.
vil türne, manec palas
dâ stuont mit wunderlîcher wer.
op si suochten elliu her,
sine gæben für die selben nôt
ze drîzec jâren niht ein brôt.
Ein knappe des geruochte
und vrâgte in waz er suochte
od wann sîn reise wære.
er sprach: „der vischære
hât mich von ime her gesant.
ich hân genigen sîner hant
niwan durch der herberge wân.
er bat die brükken nider lân,
und hiez mich zuo ziu rîten în.“ 227
„hêrre, ir sult willekomen sîn.
sît es der vischære verjach,
man biut iu êre unt gemach
durch in der iuch sande wider“,
sprach der knappe und lie die brükke nider.
in die burc der küene reit,
ûf einen hof wît unde breit.
durch schimpf er niht zetretet was
(dâ stuont al kurz grüene gras:
dâ was bûhurdiern vermiten),

226, 9 gan ist Präs. von gunnen. — 21f. d. i. sie machten sich nichts daraus. — 29 „in der Hoffnung, hier unterzukommen“. — 227, 5 wider im Sinne des Fischers.

mit baniern selten überriten
alsô der anger z' Abenberc.
selten frœlîchiu werc
was dâ gefrümt ze. langer stunt:
in was wol herzen jâmer kunt.
wênc er des gein in enkalt.
in enpfiengen rîter jung unt alt.
vil kleiner junchêrrelîn
sprungen gein dem zoume sîn:
ieslîchez für dez ander greif.
si habten sînen stegereif:
sus muoser von dem orse stên.
in bâten rîter fürbaz gên:
die fuorten in an sîn gemach.
harte schiere daz geschach,
daz er mit zuht entwâpent wart.
dô si den jungen âne bart
gesâhen alsus minneclîch,
si jâhn, er wære sælden rîch.

Als P. umgekleidet ist, wird er in den hohen Saal geführt, wo der Fischer vom See sein Wirt ist, krank und bleich mitten in aller Herrlichkeit. Ein Knappe trägt eine bluttriefende Lanze umher, darüber großes Klagen sich erhebt. Darauf beginnen die prächtigsten Zurüstungen zum Mahle.

Nâch den kom diu künegîn. 235
ir antlütze gap den schîn,
si wânden alle ez wolde tagen.
man sach die maget an ir tragen
pfellel von Arâbî.
ûf einem grüenen achmardî
truoc si den wunsch von pardîs,
bêde wurzeln unde rîs.
daz was ein dinc, daz hiez der Grâl,

13 Abenberg östlich von Eschenbach. – 15 gefrümt = ausgeführt. – 17 P. hatte nicht darunter zu leiden.
235, 22 Bildlich: Anfang und Ende.

erden wunsches überwal.
Repanse de schoye si hiez,
die sich der grâl tragen liez.
der grâl was von sölher art:
wol muose ir kiusche sîn bewart,
diu sîn ze rehte solde pflegen:
diu muose valsches sich bewegen.
Vorem grâle kômen lieht: 236
diu wârn von armer koste nieht;
sehs glas lanc lûter wol getân,
dar inne balsem der wol bran.
dô si kômen von der tür
ze rehter mâze alsus her für,
mit zühten neic diu künegîn
und al diu juncfröuwelîn
die dâ truogen balsemvaz.
diu künegîn valscheite laz
sazte für den wirt den grâl.
dez mære giht daz Parzivâl
dicke an si sach unt dâhte,
diu den grâl dâ brâhte:
er het och ir mantel an.
mit zuht die sibene giengen dan
zuo den ahzehen êrsten.
dô liezen si die hêrsten
zwischen sich; man sagete mir,
zwelve ietwederthalben ir.
diu maget mit der krône
stuont dâ harte schône.

Nun spendet der Gral, was jeder sich zu essen wünscht; er gleicht darin dem Himmelreich.

235, 25 Repanse de Schoye (vgl. frz. repanser = wieder denken und la joie = Freude) war die Tochter Frimutels und Enkelin Titurels, des ersten Gralkönigs, also Herzeloydens und Anfortas' Schwester; sie ist die künegîn 236, 7.

236, 15 der Kämmerer hatte P., als er sich umkleidete, Repansens Mantel gebracht.

Wol gemarcte Parzivâl 239
die rîcheit unt daz wunder grôz:
durch zuht in vrâgens doch verdrôz.
er dâhte: „mir riet Gurnemanz
mit grôzen triuwen âne schranz,
ich solte vil gevrâgen niht.
waz ob mîn wesen hie geschiht
die mâze alse dort pî im?
âne vrâge ich vernim
wie'z dirre massenîe stêt."
in dem gedanke nâher gêt
ein knappe, der truog ein swert:
des palc was tûsent marke wert,
sîn gehilze was ein rubîn,
ouch möhte wol diu klinge sîn
grôzer wunder urhap.
der wirt ez sîme gaste gap.
der sprach: „hêrre, ich prâhtz in nôt
in maneger stat, ê daz mich got
am lîbe hât geletzet.
nu sît dermite ergetzet,
ob man iuwer hie niht wol enpflege.
ir mugetz wol füeren alle wege:
swenne ir geprüevet sînen art,
240
ir sît gein strît dermite bewart."
Owê daz er niht vrâgte dô!
des pin ich für in noch unvrô.
wan do erz enpfienc in sîne hant,
dô was er vrâgens mite ermant.
och riuwet mich sîn süezer wirt,
den ungenande niht verbirt,
des ime von vrâgn nu wære rât.
genuoc man dâ gegeben hât:
dies pflâgen, die griffenz an,
si truogenz gerüste wider dan.

239, 25 d. i. ich trug es in den Kampf. — 27 Anfortas meint seine unheilbare Wunde. — 240, 8 ungenâde in den meisten Hss.

P. wird in das Schlafzimmer geführt und begibt sich zur Ruhe.

Parzivâl niht eine lac: 245
gesellecliche unz ȧn den tac
was bî im strengiu arbeit.
ir boten künftigiu leit
sanden ime in slâfe dar,
sô daz der junge wol gevar
sîner muoter troum gar widerwac,
des si nâch Gahmurete pflac.
sus wart gesteppet im sîn troum
mit swertslegen umb den soum,
dervor mit maneger tjoste rîch.
von rabbîne hurteclîch
er leit in slâfe etslîche nôt.
möhter drîzecstunt sîn tôt,
daz heter wachende ê gedolt:
sus teilte im ungemach den solt.
von disen strengen sachen
muose er durch nôt erwachen.
im switzten âdern unde bein.
der tag ouch durch diu venster schein.
dô sprach er: „wê wâ sint diu kint,
daz si hie vor mir niht sint?
wer sol mir bieten mîn gewant?“
sus warte ir der wîgant,
unz er anderstunt entslief.
nieman dâ redete noch enrief:
si wâren gar verborgen.
umb den mitten morgen
do erwachte aber der junge man:
ûf rihte sich der küene sân.

Ufem teppech sach der degen wert 246
ligen sîn harnasch und zwei swert:
daz eine der wirt im geben hiez,

245, 9ff. das Bild eines Teppichs liegt zugrunde. — 16 d. i. bedachte ihn reichlich.

daz ander was von Gaheviez.
dô sprach er zim selben sân:
„ouwê durch waz ist diz getân?
deiswâr ich sol mich wâpen drîn.
ich leit im slâfe alsölhen pîn,
daz mir wachende arbeit
noch hiute wætlîch ist bereit.
hât dirre wirt urliuges nôt,
sô leiste ich gerne sîn gebot
und ir gebot mit triuwen,
diu disen mantel niuwen
mir lêch durch ir güete.
wan stüende ir gemüete
daz si dienest wolde nemen!
des kunde mich durch si gezemen,
und doch niht durch ir minne:
wan mîn wîp de küneginne
ist an ir lîbe alse clâr
oder fürbaz, daz ist wâr."
er tet alse er tuon sol:
von fuoze ûf wâpent er sich wol
durch strîtes antwurte,
zwei swert er umbe gurte.
zer tür ûz gienc der werde degen:
dâ was sîn ors an die stegen
geheftet, schilt unde sper
lent derbî: daz was sîn ger.

Ê Parzivâl der wîgant 247
sich des orses underwant,
manegez er der gadem erlief,
sô daz er nâch den liuten rief.
nieman er hôrte noch ensach:
ungefüege leit im dran geschach.
daz hete im zorn gereizet.

246, 4 d. i. Ither von Gaheviez. — 17 P. wünscht Repansens Ritter zu sein. — 18 vgl. 170, 15. — 21 d. i. sie ist ebenso schön.

er lief da er was erbeizet
des âbents, dô er komen was.
dâ was erde unde gras
mit tretenne gerüeret
untz tou gar zerfüeret.
al schrînde lief der junge man
wider ze sîme orse sân.
mit pâgenden worten
saz er drûf. die porten
vand er wît offen stên,
derdurch ûz grôze slâ gên:
niht langer er dô habete,
vaste ûf die brükke er drabete.
ein verborgen knappe'z seil
zôch, daz der slagebrükken teil
hetz ors vil nâch gevellet nider.
Parzivâl der sach sich wider:
dô wolte er hân gevrâget baz.
„ir sult varn der sunnen haz,"
sprach der knappe: „ir sît ein gans.
möht ir gerüeret hân den flans,
und het den wirt gevrâget!
vil prîss iuch hât beträget."

In schmerzvollen Gedanken versunken, reitet P. Hufspuren nach, die sich im Walde verlieren, wo er unter einer Linde Sigune noch immer in Trauer um ihren Geliebten findet. Sie klärt ihn darüber auf, daß er durch die unterlassene Frage nach den geschauten Wundern ein hohes Glück verscherzt habe, und macht ihm schwere Vorwürfe, daß er mitleidlos an den Leiden seines kranken Oheims Anfortas vorübergegangen sei; durch eine teilnehmende Frage hätte er ihn von allen Leiden befreien können. In tiefer Reue reitet er davon. Er stößt auf Orilus, den er mit seiner Gemahlin wieder aussöhnt und an des Artus Hof schickt.

247, 12 untz = und daz (23 hetz = hete daz). — 26 „ihr seit nicht wert, daß die Sonne euch bescheint". — 28 f. möht und het = möhtet und hetet. — 30 d. i. euch gelüstete nicht nach Ruhm.

Sechstes Buch:

PARZIVAL AN ARTUS' HOFE.

Welt ir nu hœren war sî komn 281
Parzivâl der Wâleis?
von snêwe was ein niwe leis
des nahtes vast ûf in gesnît.
ez enwas jedoch niht snêwes zît,
istz als ichz vernomen hân.
Artûs der meienbære man,
swaz man ie von dem gesprach,
zeinen pfinxten daz geschah,
odr in des meien bluomenzît.
waz man im süezes luftes gît!
diz mære ist hie vast undersniten,
ez parriert sich mit snêwes siten.
sîne valkenær von Karidœl
riten sâbents zem Plimizœl
durch peizen, dâ si schaden kuren.
ir besten valken si verluren:
der gâhte von in balde
und stuont die naht ze walde.
von überkrüphe daz geschach
daz im was von dem luoder gâch.
Die naht bî Parzivâle er stuont, 282
da in bêden was der walt unkuont
und dâ se bêde sêre vrôs.
dô Parzivâl den tac erkôs,
im was versnît sîns pfades pan:
vil ungevertes reit er dan
über ronen und über manegen stein.
der tac ie lanc hôher schein.
ouch begunde liuhten sich der walt,
wan daz ein rone was gevalt
ûf einem plân, zuo dem er sleich:

281, 23 Karidœl = Carlisle in Cumberland. — 24 Plimizœl, der Fluß, der bei Plymouth mündet. — 282, 8 je länger, je höher.

Artûs valke al mite streich;
dâ wol tûsent gense lâgen.
dâ wart ein michel gâgen.
mit hurte vloug er under sie,
der valke, und sloug ir eine hie,
daz sim harte kûme enbrast
under des gevallen ronen ast.
an ir hôhem fluge wart ir wê.
ûz ir wunden ûfen snê
vieln drî bluotes zäher rôt,
die Parzivâle fuogten nôt.
von sînen triwen daz geschach.
do er die bluotes zäher sach
ûf dem snê (der was al wîz),
dô dâhter: wer hât sînen vlîz
gewant an dise varwe clâr?
Cundwîrâmûrs, sich mac für wâr
disiu varwe dir gelîchen.
mich wil got saelden rîchen,
Sît ich dir hie gelîchez vant. 283
gêret sî diu gotes hant
und al diu crêatiure sîn.
Condwîrâmûrs, hie lît dîn schîn.
sît der snê dem bluote wîze bôt,
und ez den snê sus machet rôt,
Cundwîrâmûrs,
dem glîchet sich dîn bêâ curs:
des enbistu niht erlâzen.
des heldes ougen mâzen,
als ez dort was ergangen,
zwên zaher an ir wangen,
den dritten an ir kinne.
er pflac der wâren minne
gein ir gar âne wenken.
sus begunder sich verdenken,

283, 8 bêâ curs frz. schöner Leib. — 9 das muß man dir lassen.

unz daz er unversunnen hielt:
diu starke minne sîn dâ wielt.
sölhe nôt fuogt im sîn wîp.
dirre varwe truoc gelîchen lîp
von Pelrapeir diu künegîn:
diu zuct im wizzenlîchen sin.
sus hielt er als er sliefe.
wer dâ zuo zim liefe?
Cunnewâren garzûn was gesant:
der solde gegen Lalant.
der sach an den stunden
einen helm mit maneger wunden
und einen schilt gar verhouwen
in dienste des knappen frouwen.
Dâ hielt gezimiert ein degn, 284
als er tjostierns wolde pflegn
gevart, mit ûf gerihtem sper.
der garzûn huop sich wider her.
het in der knappe erkant enzît,
er wær von im vil unbeschrît,
deiz sîner frouwen rîter wære.
als gein einem æhtære
schupfterz volc hin ûz an in:
er wolt im werben ungewin.
sîne kurtôsîe er dran verlôs.
lât sîn: sîn frouwe was ouch lôs.
sölch was des knappen krîe:
„fîâ fîâ fîe,
fî ir vertânen!
zelent si Gâwânen
und ander dise rîterschaft
gein werdeclîcher prîses kraft,
und Artûs den Bertûn?“

283, 21 Pelrapeir(e) = Beaurapeire frz. Ortsname = schöner Aufenthalt. — 25 Cunnewâre, Schwester des Orilus; entspricht einer nordischen Form Gundara, vielleicht sprachlichverwandt mit Ginover. — 26 Lalant, frz. la Lande, die Heide.

alsus rief der garzûn.
„tavelrunder ist geschant:
iu ist durch die snüere alhie gerant.“
  dâ wart von rîtern grœzlîch schal:
si begunden vrâgen über al,
ob rîterschaft dâ wære getân.
dô vrieschen si daz einec man
dâ hielt zeiner tjost bereit.
genuogen was gelübde leit,
die Artûs von in enphienc.
sô balde, daz er niht engienc,
beide lief unde spranc 285
Segramors, der ie nâch strîte ranc.
swâ der vehten wânde vinden,
dâ muose man in binden,
odr er wolt dermite sîn.
ninder ist sô breit der Rîn,
sæher strîtn am andern stade,
dâ wurde wênec nâch dem bade
getast, ez wær warm oder kalt:
er viel sus dran, der degen balt.
  snellîche kom der jungelinc
ze hove an Artûses rinc.
der werde künec vaste slief.
Segramors im durch die snüere lief,
zer poulûns tür drang er în,
ein declachen zobelîn
zuct er ab in diu lâgen
und süezes slâfes pflâgen,
sô daz si muosen wachen
und sînre unfuoge lachen.
dô sprach er zuo der niftel sîn:
„Gynovêr, frouwe künigîn,
unser sippe ist des bekant,

284, 22 = man ist in euer Gebiet eingebrochen. – 285, 2 Segramors, einer der Artusritter, besonders unbändig. – 22 Gynovêr Gemahlin des Artus.

man weiz wol über manece lant
daz ich genâden wart an dich.
nu hilf mir, frouwe, unde sprich
gein Artûse dînem man,
daz ich von im müeze hân
(ein âventiure ist hie bî)
daz ich zer tjost der êrste sî."
Artûs ze Segramorse sprach: 286
„dîn sicherheit mir des verjach,
du soltst nâch mînem willen varn
unt dîn unbescheidenheit bewarn.
wirt hie ein tjost von dir getân,
dar nâch wil manc ander man
daz ich in lâze rîten
und ouch nâch prîse strîten:
dâ mite krenket sich mîn wer.
wir nâhen Anfortases her,
daz von Munsalvæsche vert
untz fôrest mit strîte wert:
sît wir niht wizzen wâ diu stêt,
ze arbeit ez uns lîhte ergêt."
Gynovêr bat Artûsen sô
dês Segramors wart al vrô.
dô sim die âventiure erwarp,
wan daz er niht vor liebe starp,
daz ander was dâ gar geschehen.
ungerne het er dô verjehen
sîns kumenden prîses pflihte
ieman an der geschihte.
der junge stolze âne bart,
sîn ors und er gewâpent wart.
ûz fuor Segramors roys,

285, 25 = ich auf deine Gunst rechnen kann. – 286, 2 = dein Ehrenwort hat mir das zugestanden. – 4 = Unverständigkeit verhüten. – 14 = schlägt es uns leicht zu Bedrängnis aus. – 17 âventiure = Erlaubnis zu dem A. – 20 – 22 = „um keinen Preis hätte er da einen Anteil an seinem Ruhme bei der Sache zugestanden". – 25 roys frz. roi, König.

kalopierende ulter juven poys.
sîn ors übr hôhe stûden spranc.
manc guldîn schelle dran erklanc,
ûf der decke und an dem man.
man möht in wol geworfen hân
zem fasân inz dornach. 287
swems ze suochen wære gâch,
der fünde in bî den schellen:
die kunden lûte hellen.
Sus fuor der unbescheiden helt
zuo dem der minne was verselt.
wedr ern sluoc dô noch enstach,
ê er widersagen hin zim sprach.
unversunnen hielt dâ Parzivâl.
daz fuogten im diu bluotes mâl
und ouch diu strenge minne,
diu mir dicke nimt sinne
unt mir daz herze unsanfte regt.
ach nôt ein wîp an mich legt:
wil si mich alsus twingen
unt selten hilfe bringen,
ich sol sis underziehen
und von ir trôste vliehen.
nu hœret ouch von jenen beiden,
umb ir komn und umb ir scheiden.
Segramors sprach alsô:
„ir gebâret, hêrre, als ir sît vrô
daz hie ein künec mit volke ligt.
swie unhôhe iuch daz wigt,
ir müezet im drumbe wandel gebn,
odr ich verliuse mîn lebn.
ir sît ûf strît ze nâhe geriten.
doch wil ich iuch durch zuht biten,
ergebet iuch in mîne gewalt;
odr ir sît schier von mir bezalt,

286, 26 ulter juven poys frz. = über das junge Gehölz. — 287, 1 wie bei der Falkenjagd.

daz iwer vallen rüert den snê. 288
sô tæt irz baz mit êren ê".
  Parzivâl durch drô niht sprach:
frou minne im anders kumbers jach.
durch tjoste bringen warf sîn ors
von im der küene Segramors.
umbe wande ouch sich dez kastelân,
dâ Parzivâl der wol getân
unversunnen ûffe saz,
sô daz erz bluot übermaz.
sîn sehen wart drab gekêret:
des wart sîn prîs gemêret.
do er der zaher niht mêr sach,
frou witze im aber sinnes jach.
hie kom Segramors roys.
Parzivâl daz sper von Troys,
daz veste unt daz zæhe,
von värwen daz wæhe,
als erz vor der klûsen vant,
daz begunder senken mit der hant.
ein tjost enpfienger durch den schilt:
sîn tjost hin wider wart gezilt,
daz Segramors der werde degen
satel rûmens muose pflegen,
und daz dez sper doch ganz bestuont,
dâ von im wart gevelle kuont.
Parzivâl reit âne vrâgen
dâ die bluotes zäher lâgen.
do er die mit den ougen vant,
frou minne stricte in an ir bant.
weder ern sprach dô sus noch sô: 289
wan er schiet von den witzen dô.
  Segramors kastelân
huop sich gein sînem barne sân.
er muose ûf durch ruowen stên,

288, 14 = Herr Verstand gestattete ihm wieder Besinnung. – 16 Troys aus der frz. Stadt Troyes.

ober inder wolde gên.
sich legent genuoc durch ruowen nidr:
daz habt ir dicke freischet sidr.
waz ruowe kôs er in dem nê?
mir tæte ein ligen drinne wê.
der schadehafte erwarb ie spot:
sælden pflihtær dem half got.
  daz her lac wol sô nâhen
daz si Parzivâlen sâhen
haben als im was geschehen.
der minne er muose ir siges jehen,
diu Salmônen ouch betwanc.
dâ nâch was dô niht ze lanc,
ê Segramors dort zuo zin gienc.
swer in hazte od wol enpfienc,
den was er al gelîche holt:
sus teilter bâgens grôzen solt.
  er sprach: „ir habt des freischet vil,
rîterschaft ist topelspil,
unt daz ein man von tjoste viel.
ez sinket halt ein mers kiel.
lât mich nimmer niht gestrîten,
daz er mîn getorste bîten,
oder bekande mînen schilt.
des hât mich gar an im bevilt,
der noch dort ûze tjoste gert. 290
sîn lîp ist ouch wol prîses wert.“
  Keye der küene man
brâhtz mære für den künec sân,
Segramors wære gestochen abe,
unt dort ûze hielt ein strenger knabe,
der gerte tjost reht als ê.
er sprach: „hêr, mir tuot immer wê,
sol ers genozzen scheiden hin.
ob ich iu sô wirdec pin,

290, 3 Keye der Truchseß des Königs Artus. — 9 genozzen hier aktivisch mit Genuß = ungestraft.

lât mich versuochen wes er ger,
sît er mit ûf gerihtem sper
dort habt vor iwerm wîbe.
nimmer ich belîbe
in iweren dienste mêre:
tavelrunder hât unêre,
ob manz im niht bezîte wert.
ûf unsern prîs sîn ellen zert.
nu gebt mir strîtes urloup.
wær wir alle blint oder toup,
ir soltz im weren: des wære zît.“
Artûs erloubte Keien strît.
  gewâpent wart der scheneschalt.
dô wolder swenden den walt
mit tjost ûf disen kumenden gast.
der truoc der minne grôzen last:
daz fuogte im snê unde bluot.
ez ist sünde, swer im mêr nu tuot.
ouch hâts diu minne kranken prîs:
diu stiez ûf in ir krefte rîs.

— — — — — — — — — — — — —

Keie der ellens rîche 293
kom gewâpent rîterlîche
ûz, alser strîtes gerte:
ouch wæne in strîtes werte
des künec Gahmuretes kint.
swâ twingende frouwen sint,
di sulen im heiles wünschen nuo:
wande in brâht ein wîp dar zuo
daz minne witze von im spielt.
Keie sîner tjost enthielt,
unz er zem Wâleise sprach:
„hêrre, sît iu sus geschach,
daz ir den künec gelastert hât, 294
welt ir mir volgen, so ist mîn rât

290, 25 kumender gast: fremder Ankömmling. — 30 = steckte auf ihm das Reis (Zeichen) ihrer Kraft auf.

unt dunct mich iwer bestez heil,
nemt iuch selben an ein brackenseil
unt lât iuch für in ziehen.
iren megt mir niht enpfliehen,
ich bringe iuch doch betwungen dar:
so nimt man iwer unsanfte war."
den Wâleis twanc der minnen kraft
swîgens. Keie sînen schaft
ûf zôch und frumt im einen swanc
anz houbet, daz der helm erklanc.
dô sprach er: „du muost wachen.
âne lînlachen
wirt dir dîn slâfen hie benant:
ez zilt al anders hie mîn hant:
ûf den snê du wirst geleit.
der den sac von der müle treit,
wolt man in so bliuwen,
in möhte lazheit riuwen."
frou minne, hie seht ir zuo:
ich wæn manz iu ze laster tuo:
wan ein gebûr spræche sân,
mîme hêrrn sî diz getân.
er klagt ouch, möhter sprechen.
frou minne, lât sich rechen
den werden Wâleise:
wan liez in iwer vreise
unt iwer strenge unsüezer last,
ich wæn sich werte dirre gast.
Keie hurte vaste an in 295
unt drang imz ors alumbe hin,
unz daz der Wâleis übersach
sîn süeze sûrez ungemach,
sînes wîbes glîchen schîn,
von Pelrapeir der künegîn:
ich meine den geparrierten snê.
dô kom aber frou witze als ê,
diu im den sin her wider gap.

Keie ez ors liez in den walap:
der kom durch tjostieren her.
von rabîn sancten si diu sper.
Keie sîne tjoste brâhte,
als im der ougen mez gedâhte,
durchs Wâleis schilt ein venster wît:
im wart vergolten dirre strît.
Keie Artûs schenescalt
ze gegentjoste wart gevalt
übern ronen dâ diu gans entran,
so daz dez ors unt der man
liten beidiu samt nôt:
der man wart wunt, dez ors lac tôt.
zwischen satelbogen und eime stein
Keyn zeswer arm und winster bein
zebrach von disem gevelle:
surzengel, satel, geschelle
von dirre hurte gar zebrast.
sus galt zwei bliwen der gast:
daz eine leit ein maget durch in,
mit dem andern muoser selbe sîn.

— — — — — — — — — — — —

Uf dem Plimizœles plan 298
Keie wart geholt sân,
in Artûs poulûn getragen.
sîne friunt begunden in dâ klagen,
vil frouwen unde manec man.
do kom ouch mîn her Gâwân
über in, dâ Keie lac.
er sprach: „owê unsælic tac,
daz disiu tjost ie wart getân,
da von ich friunt verloren hân.“
er klagt in senlîche.
Keie der zornes rîche
sprach: „hêrre, erbarmet iuch mîn lîp?
sus solten klagen altiu wîp.
ir sît mîns hêrren swester suon:

möht ich iu dienst nu getuon,
als iwer wille gerte
dô mich got der lide werte!
sone hât mîn hant daz niht vermiten,
sine habe vil durch iuch gestriten:
ich tæte ouch noch, unt solt ez sîn.
nune klagt nimêr, lât mir den pîn.
iwer œheim, der künec hêr,
gewinnet nimmer sölhen Keien mêr.
ir sît mir râch ze wol geborn:
het ab ir ein vinger dort verlorn,
da wâgte ich gegen mîn houbet.
seht ob ir mirz geloubet.
kêrt iuch niht an mîn hetzen.
er kan unsanfte letzen,
der noch dort ûze unflühtec habt: 299
weder ern schûftet noch endrabt.
och enist hie ninder frouwen hâr
weder sô mürwe noch sô clâr,
ez enwaere doch ein veste bant
ze wern strîtes iwer hant.
swelch man tuot solhe diemuot schîn,
der êret ouch die muoter sîn:
vaterhalp solter ellen hân.
kêrt muoterhalp, hêr Gâwân:
sô wert ir swertes blicke bleich
und manlîcher herte weich."
Sus was der wol gelobte man
gerant zer blôzen sîten an
mit rede: er kunde ir gelten niht,
als wol gezogenem man geschiht,
dem scham versliuzet sînen munt,
daz dem verschamten ist unkunt.
Gâwân ze Keien sprach:
„swâ man sluog oder stach,

298, 25 râch Genet. = um mich zu rächen.

swaz des gein mir ist geschehn,
swer mîne varwe wolde spehn,
diu wæne ich ie erbliche
von slage odr von stiche.
du zürnest mit mir âne nôt:
ich pin der dir ie dienst pôt.“
ûzem poulûn gienc hêr Gâwân,
sîn ors hiez er bringen sân:
sunder swert und âne sporn
saz drûf der degen wol geborn.
Er kêrt ûz da er den Wâleis vant, 300
des witze was der minnen pfant.
er truoc drî tjoste durch den schilt,
mit heldes handen dar gezilt:
ouch het in Orilus versniten.
sus kom Gâwân zuo zim geriten,
sunder kalopieren
unt âne punieren:
er wolde güetlîche ersehen,
von wem der strît dâ wære geschehen.
dô sprach er grüezenlîche dar
ze Parzivâl, dies kleine war
nam. daz muose et alsô sîn:
dâ tet frou minne ir ellen schîn
an dem den Herzeloyde bar.
ungezaltiu sippe in gar
schiet von den witzen sîne,
unde ûf gerbete pîne
von vater und von muoter art.
der Wâleis wênec innen wart,
waz mîns hêrn Gâwânes munt
mit worten im dâ tæte kunt.
dô sprach des künec Lôtes suon:
„hêrre, ir welt gewalt nu tuon,

300, 5 Orilus s. Anmerkung zu 138, 17.— 12 dies = der es. — 16 ungezaltiu sippe =Verwandtschaft, die man nicht berechnet, d. h. Verhältnis von Vater und Kindern.

sît ir mir grüezen widersagt.
ine bin doch niht sô gar verzagt,
ine bringz an ander vrâge.
ir habet man und mâge
unt den künec selbe entêret,
unser laster hie gemêret.
des erwirbe ich iu die hulde, 301
daz der künec læt die schulde,
welt ir nâch mîme râte lebn,
gesellschaft mir für in gebn.“
des künec Gahmuretes kint,
dröwen und vlêhn was im ein wint.
der tavelrunder hôhster prîs
Gâwân was solher nœte al wîs:
er het se unsanfte erkant,
do er mit dem mezer durch die hant
stach: des twang in minnen kraft
unt wert wîplîch gesellechaft.
in schiet von tôde ein künegîn,
dô der küene Lähelîn
mit einer tjoste rîche
în twanc sô vollecliche.
diu senfte süeze wol gevar
ze pfande sazt ir houbet dar,
roin Ingûse de Bahtarliez:
alsus diu getriwe hiez.
dô dâhte mîn hêr Gâwân:
„waz op diu minne disen man
twinget als si mich dô twanc,
und sîn getriulîch gedanc
der minne muoz ir siges jehen?“
er marcte des Wâleises sehen,
war stüenden im diu ougen sîn.
ein failen tuoches von Sürîn,

301, 10 Anspielung auf eine sonst unbekannte Geschichte. - 14 Lähelîn, Bruder des Orilus und der Jeschute, hatte einst Gawan besiegt. — 19 roin frz. reine Königin. I. de B., sonst unbekannt. — 28 Sürin Syrien. —

gefurriert mit gelwem zindâl,
die swanger über diu bluotes mâl.
Dô diu faile wart der zaher dach, 302
sô daz ir Parzivâl niht sach,
im gap her wider witze sîn
von Pelrapeir diu künegîn:
diu behielt iedoch sîn herze dort.
nu ruochet hœren sîniu wort.
er sprach: „ôwê frowe unde wîp,
wer hât benomn mir dînen lîp?
erwarp mit rîterschaft mîn hant
dîn werde minn, krôn unde ein lant?
bin ichz der dich von Clâmidê
löste? ich vant ach unde wê,
und siufzec manec herze frebel
in dîner helfe. ougen nebel
hât dich bî liehter sunnen hie
mir benomn, jan weiz ich wie.“
er sprach: „ôwê war kom mîn sper,
daz ich mit mir brâhte her?
dô sprach mîn hêr Gâwân:
„hêrre, ez ist mit tjost vertân.“
„gein wem?“ sprach der degen wert,
„irn habt hie schilt noch dez swert:
waz möht ich prîss an iu bejagen!
doch muoz ich iwer spotten tragen:
ir biet mirz lîhte her nâch paz.
etswenne ich ouch vor tjost gesaz.
vinde ich nimmer an iu strît,
doch sint diu lant wol sô wît,
ich mac dâ prîs und arbeit holen,
beidiu freude und angest dolen.“
Mîn hêr Gâwân dô sprach: 303
„swaz hie mit rede gein iu geschach,
diu ist lûter unde minneclîch,

302, 11 Clamide, Mann der Cunneware.

und niht mit stæter trüebe rîch.
ich ger als ichz gedienen wil.
hie lît ein künec und rîter vil
und manec frouwe wol gevar:
geselleschaft gib ich iu dar,
lât ir mich mit iu rîten.
dâ bewar ich iuch vor strîten."
„iwer genâde, hêrre: ir sprechet wol,
daz ich vil gerne dienen sol.
sît ir cumpânîe bietet mir,
nu wer ist iur hêrre oder ir?"
„ich heize hêrre einen man
von dem ich manec urbor hân.
ein teil ich der benenne hie.
er was gein mir des willen ie
daz er mirz rîterlîche bôt.
sîne swester het der künec Lôt,
diu mich zer werlde brâhte.
swes got an mir gedâhte,
daz biutet dienst sîner hant.
der künec Artûs ist er genant.
mîn nam ist ouch vil unverholn,
an allen steten unverstoln:
liute die mich erkennent,
Gâwân mich die nennent.
iu dient mîn lîp und der name,
welt irz kêren mir von schame."
dô sprach er: „bistuz Gâwân? 304
wie kranken prîs ich des hân,
op du mirz wol erbiutes hie!
ich hôrte von dir sprechen ie,
du erbütesz allen liuten wol.
dîn dienst ich doch enpfâhen sol
niwan ûf gegendienstes gelt.
nu sage mir, wes sint diu gezelt,

303, 30 = wollt ihr meinen Dienst so aufnehmen, daß ich mich dessen nicht zu schämen habe.

der dort ist manegez ûf geslagn?
lît Artus dâ, sô muoz ich klagn
daz ich in niht mit êren mîn
mac gesehen, noch die künegîn.
ich sol rechen ê ein bliuwen,
da von ich sît mit riuwen
fuor, von solhen sachen.
ein werdiu magt mir lachen
bôt: die blou der scheneschalt
durch mich, daz von ir reis der walt."
„unsanfte ist daz gerochen,"
sprach Gâwân: „imst zebrochen
der zeswe arm untz winster bein,
rît her, schouw ors und ouch den stein.
hie ligent ouch trunzûne ûf dem snê
dîns spers, nach dem du vrâgtest ê."
dô Parzivâl die wârheit sach,
dô vrâgter fürbaz unde sprach:
„diz lâze ich an dich, Gâwân,
op daz sî der selbe man
der mir hât laster vor gezilt:
sô rît ich mit dir swar du wilt."
„Ine wil gein dir niht liegens pflegn," 305
sprach Gâwân. „hiest von tjost gelegn
Segramors ein strîtes helt,
des tât gein prîse ie was erwelt.
du tætz ê Keie wart gevalt:
an in bêden hâstu prîs bezalt!"
si riten mit ein ander dan,
der Wâleis und Gâwân.
vil volkes zorse unt ze fuoz
dort inne bôt in werden gruoz,
Gâwâne und dem rîter rôt
wande in ir zuht daz gebôt.
Gâwân kêrt da er sîn poulûn vant.

304, 15 von solhen sachen: aus folgendem Grunde.

froun Cunnewâren de Lalant
ir snüere unz an die sîne gienc:
diu wart vrô, mit freude enpfienc
diu magt ir rîter, der si rach
daz ir von Keien ê geschach.
si nam ir bruoder an die hant,
unt froun Jeschûten von Karnant:
sus sach si komen Parzivâl.
der was gevar durch îsers mâl
als touwege rôsen dar gevlogen.
im was sîn harnasch ab gezogen.
er spranc ûf, do er die frouwen sach:
nu hœrt wie Cunnewâre sprach:
„Got alrêst, dar nâch mir,
west willekomen, sît daz ir
belîbt bî manlîchen siten.
ich hete lachen gar vermiten,
unz iuch mîn herze erkande, 306
dô mich an freuden pfande
Keie, der mich dô sô sluoc.
daz habt gerochen ir genuoc.
ich kust iuch, wære ich kusses wert.“
„des het ich hiute sân gegert,“
sprach Parzivâl, „getorst ich sô:
wand ich pin iwers enpfâhens vrô.“
si kust in unde sazt in nider.
eine juncfrouwen si sande wider
und hiez ir bringen rîchiu kleit.
diu warn gesniten al gereit
ûz pfelle von Ninnivê:
si solde der künec Clâmidê,
ir gevangen, hân getragen,
diu magt si brâhte und begunde klagen,
der mantel wære âne snuor.
Cunnewâre sus gefuor,

305, 20 Karnant Stadt in Südwales oder Cornwall (Garnant). – 23 zu ergänzen wæren hinter als.

von blanker sîte ein snüerelîn
si zucte und zôhez im dar în.
mit urloube er sich dô twuoc
den râm von im: der junge truoc
bi rôtem munde liehtez vel.
gekleidet wart der degen snel:
dô was er fier unde clâr.
swer in sach, der jach für wâr,
er wære gebluomt für alle man.
diz lop sîn varwe muose hân.
  Parzivâl stuont wol sîn wât.
einen grüenen smârât
spien sim für sîn houbtloch. 307
Cunnewâr gap im mêr dennoch,
einen tiweren gürtel fier.
mit edelen steinen manec tier
muose ûzen ûf dem borten sîn:
diu rinke was ein rubîn.
wie was der junge âne bart
geschicket, do er gegürtet wart?
diz mære giht, wol genuoc.
daz volc im holdez herze truoc:
swer in sach, man oder wîp,
die heten wert sînen lîp.
  der künec messe het gehôrt:
man sach Artûsen komen dort
mit der tavelrunder diet,
der neheiner valscheit nie geriet.
die heten alle ê vernomn,
der rôte rîter wære komn
in Gâwânes poulûn.
dar kom Artûs der Bertûn.
  der zerblûwen Antanor
spranc dem künege allez vor,
unz er den Wâleis ersach.
den vrâgter: „sît irz der mich rach,
und Cunnewâren de Lalant?

vil prîses giht man iwerre hant.
Keie hât verpfendet:
sîn dröun ist nu gelendet.
ich fürhte wênec sînen swanc:
der zeswe arm ist im ze kranc."
Dô truoc der junge Parzivâl 308
âne flügel engels mâl
sus geblüet ûf der erden.
Artûs mit den werden
enpfieng in minneclîche.
guots willen wâren rîche
alle dien gesâhen dâ.
ir herzen volge sprâchen jâ,
gein sîme lobe sprach niemen nein:
so rehte minneclîch er schein.
Artûs sprach zem Wâleis sân
„ir habt mir lieb und leit getân:
doch habt ir mir der êre
brâht unt gesendet mêre
denne ich ir ie von manne enpfienc.
da engein mîn dienst noch kleine gienc,
het ir prîss nimêr getân,
wan daz diu herzogîn sol hân,
frou Jeschût, die hulde.
ouch wære iu Keien schulde
gewandelt ungerochen,
het ich iuch ê gesprochen."
Artûs saget im wes er bat,
war umbe er an die selben stat
und ouch mêr landes was geritn.
si begunden in în dô alle bitn
daz er gelobte sunder
den von der tavelrunder
sîn rîterlîch gesellekeit.
im was ir bete niht ze leit:

308, 16 = dem mein Dienst erst wenig entsprochen hat. — 19 zu hulde ergänze ihres Gatten.

Ouch moht ers sîn von schulden vrô. 309
Parzivâl si werte dô.
  nu râtet, hœret unde jeht,
ob tavelrunder meg ir reht
des tages behalden. wande ir pflac
Artûs, bî dem ein site lac:
nehein rîter vor im az
des tages swenn âventiure vergaz
daz si sînen hof vermeit.
im ist âventiure nu bereit:
daz lop muoz tavelrunder hân.
swie si wær ze Nantes lân,
man sprach ir reht ûf bluomen velt:
dane irte stûde noch gezelt.
der künec Artûs daz gebôt
zêren dem rîter rôt:
sus nam sîn werdekeit dâ lôn.
ein pfelle von Acratôn,
ûz heidenschefte verre brâht,
wart zeime zil aldâ gedâht,
niht breit, sinewel gesniten,
al nach tavelrunder siten;
wande in ir zuht des verjach:
nach gegenstuol dâ niemen sprach,
diu gesitz warn al gelîche hêr.
der künec Artûs gebôt in mêr
daz man werde rîtr und werde frouwen
an dem ringe müese schouwen.
die man dâ gein prîse maz,
magt, wîb und man ze hove dô az.
  Dô kom frou Gynovêr dar 310
mit maneger frouwen lieht gevar;
mit ir manc edel fürstîn:
die truogen minneclîchen schîn.

309, 7 vor im = an seinem Tische. — 12 Nantes, Hauptstadt des Artus in der Bretagne; 18 Acraton, Stadt der Heiden (Mohammedaner), nicht näher bestimmbar. — 20 = zu dem Zwecke erwählt.

ouch was der rinc genomn sô wît
daz âne gedrenge und âne strît
manc frouwe bî ir âmîs saz.
Artûs der valsches laz
brâht den Wâleis an der hant.
frou Cunnewâre de Lalant
gieng im anderthalben bî:
diu was dô trûrens worden vrî.
Artûs an den Wâleis sach;
nu sult ir hœren wie er sprach:
„ich wil iwern clâren lîp
lâzen küssen mîn wîp.
des endorft ir doch hie niemen bitn,
sît ir von Pelrapeire geritn:
wan da ist des kusses hôhstez zil.
eins dinges ich iuch biten wil:
kom ich imer in iwer hûs,
gelt disen kus," sprach Artûs.
„ich tuon swes ir mich bitet, dâ,"
sprach der Wâleis, „unde ouch anderswâ."
ein lützel gein im si dô gienc,
diu küngîn in mit kusse enpfienc.
„nu verkiuse ich hie mit triwen,"
sprach si, „daz ir mich mit riwen
liezt: die het ir mir gegebn,
dô ir rois Ithêr namt sîn lebn."
Von der suone wurden naz 311
der küngîn ougen umbe daz,
wan Ithêrs tôt tet wîben wê.
man sazte den künec Clâmidê
anz uover zuo dem Plimizœl:
bî dem saz Jofreit fîz Idœl.
zwischen Clâmidê und Gâwân
der Wâleis sitzen muose hân.

311, 6 Jofreit fîz I., J. Sohn d. I., sonst nicht hervortretender Artusritter.

als mir diu âventiure maz,
an disem ringe niemen saz,
der muoter brust ie gesouc,
des werdekeit sô lützel trouc.
wan kraft mit jugende wol gevar
der Wâleis mit im brâhte dar.
swer in ze rehte wolde spehn,
sô hât sich manec frouwe ersehn
in trüeberm glase dan wær sîn munt.
ich tuon iu vonme velle kunt
an dem kinne und an den wangen:
sîn varwe zeiner zangen
wær guot: si möhte stæte habn,
diu den zwîvel wol hin dan kan schabn.
ich meine wîp die wenkent
und ir vriuntschaft überdenkent.
sîn glast was wîbes stæte ein bant:
ir zwîvel gar gein im verswant.
ir sehen in mit triwe enpfienc:
durch diu ougen in ir herze er gienc.
  Man und wîp im wâren holt.
sus het er werdekeit gedolt,
unz ûf daz siufzebære zil. 312
hie kom von der ich sprechen wil,
ein magt gein triwen wol gelobt,
wan daz ir zuht was vertobt.
ir mære tet vil liuten leit.
nu hœrt wie diu juncfrouwe reit.
ein mûl hôch als ein kastelân,
val, und dennoch sus getân,
nassnitec unt verbrant,
als ungerschiu marc erkant.
ir zoum und ir gereite
was geworht mit arbeite,
tiwer unde rîche.
ir mûl gienc vollеclîche.
si was niht frouwenlîch gevar.

wê waz solt ir komen dar?
si kom iedoch: daz muose et sîn.
Artûs her si brâhte pîn.
der meide ir kunst des verjach,
alle sprâche si wol sprach,
latîn, heidensch, franzoys.
sie was der witze kurtoys,
dîaletike und jêometrî:
ir wâren ouch die liste bî
von astronomîe.
si hiez Cundrîe:
surziere was ir zuoname;
in dem munde niht diu lame:
wand er geredet ir genuoc.
vil hôher freude se nider sluoc.
Diu maget witze rîche 313
was gevar den unglîche
die man da heizet bêâ schent.
ein brûtlachen von Gent,
noch plâwer denne ein lâsûr,
het an geleit der freuden schûr:
daz waz ein kappe wol gesniten
al nâch der Franzoyser siten:
drunde an ir lîp was pfelle guot.
von Lunders ein pfæwîn huot,
gefurriert mit einem blîalt
(der huot was niwe, diu snuor niht alt),
der hieng ir an dem rücke.
ir mære was ein brücke:
über freude ez jâmer truoc.
si zuct in schimpfes dâ genuoc.
über den huot ein zopf ir swanc
unz ûf den mûl: der was sô lanc,

312, 16 = warum mußte sie dahin kommen? — 26 Cundrie die Gralsbotin, der Name gehört zu afrz. conréer = schmücken. — 27 surziere = frz. sorcière, Zauberin. — 313, 3 bêâ schent frz. = belle gent, schöne Leute. — 10 Lunders London.

swarz, herte und niht ze clâr,
linde als eins swînes rückehâr,
si was genaset als ein hunt;
zwên ebers zene ir für den munt
giengen wol spannen lanc.
ietweder wintprâ sich dranc
mit zöpfen für die hârsnuor.
mîn zuht durch wârheit missefuor,
daz ich sus muoz von frouwen sagen:
kein andriu darf ez von mir klagen.
Cundrî truoc ôren als ein ber,
niht nâch friundes minne ger:
Rûch was ir antlütze erkant. 314
ein geisel fuorte se in der hant:
dem warn die swenkel sîdîn
unt der stil ein rubbîn.
gevar als eines affen hût
truoc hende diz gæbe trût.
die nagele wâren niht ze lieht;
wan mir diu âventiure gieht,
si stüenden als eins lewen klân.
nâch ir minn was selten tjost getân.
sus kom geriten in den rinc
trûrens urhap, freuden twinc.
si kêrte aldâ se den wirt vant.
frou Cunnewâre de Lalant
az mit Artûse:
de küngîn von Janfûse
mit froun Ginovêren az.
Artûs der künec schône saz.
Cundrî hielt für den Bertenoys,
si sprach hin zim en franzoys:
ob ichz iu tiuschen sagen sol,
mir tuont ir mære niht ze wol.
„fil li roy Utpandragûn,

314, 23 Utpandragûn ist Artus' Vater. S. auch 122, 28.

dich selben und manegen Bertûn
hât dîn gewerp alhie geschant.
die besten über elliu lant
sæzen hie mit werdekeit,
wan daz ein galle ir prîs versneit.
tavelrunder ist entnihtet:
der valsch hât drane gepflihtet.
Künc Artûs, du stüent ze lobe 315
hôhe dînen genôzen obe:
dîn stîgender prîs nu sinket,
dîn snelliu wirde hinket,
dîn hôhez lop sich neiget,
dîn prîs hât valsch erzeiget.
tavelrunder prîses kraft
hât erlemet ein geselleschaft
die drüber gap hêr Parzivâl,
der ouch dort treit diu rîters mâl.
ir nennet in den rîter rôt,
nâch dem der lac vor Nantes tôt:
unglîch ir zweier leben was;
wan munt von rîter nie gelas,
der pflæg sô ganzer werdekeit."
vome künege si für den Wâleis reit:
si sprach: „ir tuot mir site buoz,
daz ich versage mînen gruoz
Artûse unt der messnîe sîn.
gunêrt sî iuwer liehter schîn
und iuwer manlîchen lide.
hete ich suone oder vride,
diu wærn iu beidiu tiure.
ich dunke iuch ungehiure,
und bin gehiurer doch dann ir.
hêr Parzivâl, wan saget ir mir
unt bescheidt mich einer mære,

315, 1 stüent 2. Sing. Indik. Präter. – 6 „deine Ehre hat einen Flecken bekommen". – 9 drüber = hier am Tische. – 12 Ither. – 17 „ihr erlaßt mir die gewohnte Sitte" (ironisch). – 22 „hätte ich Versöhnung oder Frieden zu vergeben".

dô der trûrege vischære
saz âne freude und âne trôst,
war umb irn niht siufzens hât erlôst.
er truog iu für den jâmers last. 316
ir vil ungetriuwer gast!
sîn nôt iuch solte erbarmet hân.
daz iu der munt noch werde wan,
ich mein der zungen drinne,
als iu 'z herze ist rehter sinne!
gein der helle ir sît benant
ze himele vor der hôhsten hant:
als sît ir ûf der erden,
versinnent sich die werden.
ir heiles pan, ir sælden fluoch,
des ganzen prîses reht unruoch!
ir sît manlîcher êren schiech,
und an der werdekeit sô siech,
kein arzet mag iuch des ernern.
ich wil ûf iwerem houbte swern,
gît mir iemen des den eit,
daz grœzer valsch nie wart bereit
neheinem alsô schœnem man.
ir vederangl, ir nâtern zan!
iu gap jedoch der wirt ein swert,
des iuwer wirde wart nie wert:
da erwarb iu swîgen sünden zil.
ir sît der hellehirten spil.
gunêrter lîp, hêr Parzivâl!
ir sâht ouch für iuch tragen den grâl,
und snîdend' silbr und bluotic sper.
ir freuden letze, ir trûrens wer!
wær ze Munsalvæsche iu vrâgen mite,

315,28 d. i. Anfortas. — 316, 17 „will mir jemand den Eid vorsprechen". 20 in der Angel liegt der Begriff des Täuschenden. — 24 d. i. der Teufel. — 28 „ihr Freudvernichter, Leidenspender". — 29 wære ist mit Plusquampf. zu übersetzen. — Munsalvæsche d. i. frz. Mont sauvage, lat. mons silvaticus, die Gralburg; mit dieser Benennung mag das Mittelalter zugleich die Vorstellung eines mons salvationis (Berg des Heils) verbunden haben; das Gralreich heißt Terre de Salvæsche.

in heidenschaft ze Tabronite
diu stat hât erden wunsches solt: 317
hie het iu vrâgen mêr erholt"

Sie stellt seinen Stiefbruder Feirefiz weit über ihn und bedauert es, daß Gahmurets und Herzeloydens Sohn so wenig ritterlich sich gezeigt. Nachdem sie die Helden noch zur Befreiung von 400 in Schastelmarveil (château merveille) gefangenen Jungfrauen aufgefordert, reitet sie klagend davon und läßt alle in Trauer zurück. Den tiefgebeugten P. sucht die Heidenkönigin Ecuba zu trösten und erzählt ihm ausführlich von Feirefiz.

Dô antwurte ir der Wâleis; 329
solch was sîn rede wider sie:
„got lône iu, frouwe, daz ir hie
mir gebet sô güetlîchen trôst.
ine bin doch trûrens niht erlôst,
und wil iuch des bescheiden.
ine mages sô niht geleiden
als ez mir leide kündet,
daz sich nu manger sündet
an mir, der niht weiz mîner klage,
und ich dâ bî sîn spotten trage.
ine wil deheiner freude jehen,
ine müeze alrêrst den grâl gesehen,
diu wîle sî kurz oder lanc.
mich jaget des endes mîn gedanc:
dâ von gescheide ich nimmer
mînes lebens immer.
sol ich durch mîner zuht gebot 330
hœren nu der werlte spot,
so mac sîn râten niht sîn ganz:
mir riet der werde Gurnemanz,
daz ich vrävellîche vrâge mite
und immer gein unvuoge strite.

316, 30 Tabronite ist die Hauptstadt des Mohrenlandes, dessen Königin Secundille Feirefiz durch Ritterschaft erworben hat. — 317, 1 d. i. gewährt jeden Erdenwunsch. — 329, 20f. „ich vermag meinen Schmerz nicht in die richtigen Worte zu kleiden". — 330, 3 sîn geht auf Gurnemanz.

vil werder rîter sihe ich hie:
durch iuwer zuht nu râtt mir wie
daz i' iuwern hulden næhe mich.
ez ist ein strenge schärpf gerich
gein mir mit worten hie getân:
swes hulde ich drumbe vloren hân,
daz wil ich wênec wîzen im.
swenne ich her nâch prîs genim,
sô habet mich aber denne dernâch.
mir ist ze scheiden von iu gâch.
ir gâbt mir alle geselleschaft,
die wîle ich stuont in prîses kraft:
der sît nu ledec, unz ich bezal
dâ von mîn grüeniu freude ist val.
mîn sol grôz jâmer alsô pflegen,
daz herze gebe den ougen regen,
sît ich ûf Munsalvæsche liez
daz mich von wâren freuden stiez,
ohteiz wie manege clâre maget!
swaz iemen wunders hât gesaget,
dennoch pflît es mêr der grâl.
der wirt hât siufzebæren twâl.
ay helfelôser Anfortas,
waz half dich daz ich pî dir was?"

Voll Teilnahme verabschieden sich alle von ihm, besonders Gawan; voll Zweifels an Gott, der solches habe geschehen lassen, reitet P. von dannen.

Im siebenten (Gawan und Obilot) und achten Buche (Gawan und Antikonie) werden ausschließlich Abenteuer Gawans erzählt. Nur vorübergehend tritt Parzival auf; den von ihm besiegten Recken trägt er auf, den Gral zu suchen und, wenn sie ihn nicht fänden, sich Kondwiramur, der Königin von Pelrapeire, als Gefangene zu stellen.

330, 20 d. i. den Gral. — 28 d. i. andauerndes seufzerreiches Leiden.

Neuntes Buch:

PARZIVAL BEI TREVRIZENT.

„Tuot ûf.“ wem? wer sît ir? 433
„ich wil inz herze hin zuo dir.“
sô gert ir z'engem rûme.
„waz denne, belîbe ich kûme?
mîn dringen soltu selten klagen:
ich wil dir nû von wunder sagen.“
ja sît irz, frou Âventiure?
wie vert der gehiure?
ich meine den werden Parzivâl,
den Cundrîe nâch dem grâl
mit unsüezen worten jagete,
dâ manec frouwe klagete
daz niht wendec wart sîn reise.
von Artûse dem Berteneise
huop er sich dô: wie vert er nuo?
den selben mæren grîfet zuo,
ob er an freuden sî verzaget,
oder hât er hôhen prîs bejaget?
oder ob sîn ganziu werdekeit
sî beidiu lang unde breit,
oder ist si kurz oder smal?
nu prüevet uns die selben zal,
waz von sîn henden sî geschehen.
hât er Munsalvæsche sît gesehen
unt den süezen Anfortas
des herze dô vil siufzec was?
durch iuwer güete gebet uns trôst,
op der von jâmer sî erlôst.
lât hœren uns diu mære,
ob Parzivâl dâ wære,
beidiu iur hêrre und ouch der mîn. 434
nu erliuhtet mir die fuore sîn:

433, 22 d. i. nun erzählt uns schnell.

der süezen Herzeloyden barn,
wie hât Gahmuretes sun gevarn,
sît er von Artûse reit?
ob er liep od herzeleit
sît habe bezalt an strîte.
habt er sich an die wîte,
oder hât er sider sich verlegen?
sagt mir sîn site und al sîn pflegen.
nu tuot uns de âventiure bekant,
er habe erstrichen manec lant,
z'ors, unt in schiffen ûf dem wâc;
ez wære lantman oder mâc,
der tjoste poinder gein im maz,
daz der decheiner nie gesaz.
sus kan sîn wâge seigen
sîn selbes prîs ûf steigen
und d'andern lêren sîgen.
in mangen herten wîgen
hât er sich schumpfentiure erwert,
den lîp gein strît alsô gezert,
swer prîs zim wolte borgen,
der müesez tuon mit sorgen.
sîn swert, daz im Anfortas
gap dô er bîme grâle was,
brast sît dô er bestanden wart:
dô machtez ganz des brunnen art
bî Karnant, der dâ heizet Lac.
daz swert gehalf im prîss bejac.
Swerz niht geloubt, der sündet. 435
diu âventiure uns kündet
daz Parzivâl der degen balt
kom geriten ûf einen walt,
ine weiz ze welhen stunden;
aldâ sîn ougen funden
ein klôsen niwes bûwes stên,
dâ durch ein snellen brunnen gên:
einhalp si drüber was geworht.

der junge degen unervorht
reit durch âventiur suochen:
sîn wolte got dô ruochen.
er vant ein klôsnærinne,
diu durch die gotes minne
ir magetuom unt ir freude gap.
wîplîcher sorgen urhap
ûz ir herzen blüete alniuwe,
unt doch durch alte triuwe.
Schîânatulander
unt Sigûnen vander.
der helt lac dinne begraben tôt:
ir leben leit ûf dem sarke nôt.
Sigûne doschesse
hôrte selten messe:
ir leben was doch ein venje gar.
ir dicker munt heiz rôt gevar
was dô erblichen unde bleich,
sît werltlîch freude ir gar gesweich.
ez erleit nie maget sô hôhen pîn:
durch klage si muoz al eine sîn.
Durch minne diu an im erstarp, 436
daz si der fürste niht erwarp,
si minnete sînen tôten lîp.
ob si worden wær sîn wîp,
dâ hete sich frou Lûnete
gesûmet an sô gæher bete
als si riet ir selber frouwen.
man mac noch dicke schouwen
froun Lûneten rîten zuo
etslîchem râte gar ze fruo.
swelch wîp nu durch geselleschaft

435, 19 Schîânatulander wurde von Orilus im Kampfe getötet (frz. wohl Le jœnet de la Lande). — 20 Sigune ist seine Braut. Die Liebe beider behandelte Wolfram in seiner Dichtung Titurel. — 23 dochesse frz. durchesse Herzogin. — 26 dick, hier von den schwellenden Lippen. — 436, 5 Lûnete ist die Dienerin der Laudine, der Gemahlin Iweins. — 11 = weil sie einen Gesellen (Gemahl) hat.

verbirt, und durch ir zühte kraft,
pflihte an vremder minne,
als ich michs versinne,
læt siz bî ir mannes lebn,
dem wart an ir der wunsch gegebn.
kein beiten stêt ir alsô wol:
das erziuge ich ob ich sol.
dar nâch tuo als siz lêre:
behelt si dennoch êre,
sine treit dehein sô liehten kranz,
gêt si durch freude an den tanz.
  wes mizze ich freude gein der nôt
als Sigûn ir triwe gebôt?
daz möht ich gerne lâzen.
über ronen âne strâzen
Parzivâl fürz venster reit
alze nâhn: daz was im leit.
dô wolter vrâgen umben walt,
ode war sîn reise wære gezalt.
Er gerte der gegenrede aldâ: 437
„ist iemen dinne?“ si sprach „jâ“.
do er hôrt deiz frouwen stimme was,
her dan ûf ungetretet gras
warf erz ors vil drâte.
ez dûht in alze spâte:
daz er niht was erbeizet ê,
diu selbe schame tet im wê.
  er bant daz ors vil vaste
zeins gevallen ronen aste:
sînen dürkeln schilt hienc er ouch dran.
dô der kiusche vrävel man
durch zuht sîn swert von im gebant,
er gienc fürs venster zuo der want:
dâ wolter vrâgen mære.
diu klôs was freuden lære,

436, 13 = Teilnahme an der Liebe eines andern. — **19** dar nâch d. h. nach dem Tode ihres Mannes (V. 15). — **23** mezzen hier: von etwas sprechen.

dar zuo aller schimpfe blôz:
er vant dâ niht wan jâmer grôz.
er gert ir anz venster dar.
diu juncfrouwe bleich gevar
mit zuht ûf von ir venje stuont.
dennoch was im hart unkuont
wer si wære od möhte sîn.
si truog ein hemde hærîn
under grâwem roc zenæhst ir hût.
grôz jâmer was ir sundertrût:
die het ir hôhen muot gelegt,
vonme herzen siufzens vil erwegt.
  mit zuht diu magt zem venster gienc,
mit süezen worten sin enpfienc.
Si truoc ein salter in der hant: 438
Parzivâl der wîgant
ein kleinez vingerlîn dâ kôs,
daz si durch arbeit nie verlôs,
sine behieltz durch rehter minne rât.
dez steinlîn was ein grânât:
des blic gap ûz der vinster schîn
reht als ein ander gänsterlîn.
senlîch was ir gebende.
„dâ ûzen bî der wende,“
sprach si, „hêr, dâ stêt ein banc:
ruocht sitzen, lêrtz iuch iwer gedanc
unt ander unmuoze.
daz ich her ziwerem gruoze
bin komen, daz vergelt iu got:
der gilt getriulien urbot.“
  der helt ir râtes niht vergaz,
für daz venster er dô saz:
er bat ouch dinne sitzen sie,
si sprach: „nu hân ich selten hie
gesezzen bî decheinem man.“

438, 12 = wenn ihr Lust und Zeit dazu habt. — 16 getriulien = getriuwelichen.

der helt si vrâgen began
umbe ir site und umb ir pflege,
„daz ir sô verre von dem wege
sitzt in dirre wilde,
ich hânz für unbilde,
frouwe, wes ir iuch begêt,
sît hie niht bûwes um iuch stêt.“
Si sprach: „dâ kumt mir vonme grâl
mîn spîs dâ her al sunder twâl.
Cundrîe la surziere 439
mir dannen bringet schiere
alle samztage naht
mîn spîs (des hât si sich bedâht),
die ich ganze wochen haben sol“.
si sprach: „wær mir anders wol,
ich sorgete wênec um die nar:
der bin ich bereitet gar.“
dô wânde Parzivâl, si lüge,
unt daz sin anders gerne trüge.
er sprach in schimpfe zir dar în:
„durch wen tragt ir daz vingerlîn?
ich hôrt ie sagen mære,
klôsnærinne und klôsnære
die solten mîden âmûrschaft.“
si sprach: „het iwer rede kraft,
ir wolt mich velschen gerne.
swenne ich nu valsch gelerne,
sô hebt mirn ûf, sît ir dâ bî.
ruochts got, ich pin vor valsche vrî:
ich enkan decheinen widersaz.“
si sprach: „disen mähelschaz
trag ich durch einen lieben man,
des minne ich nie an mich gewan
mit menneschlîcher tæte:
magtuomlîchs herzen ræte
mir gein im râtent minne.“
si sprach: „den hân ich hinne,

des kleinœt ich sider truoc,
sît Orilus tjost in sluoc.
Mîner jæmerlîchen zîte jâr 440
wil ich im minne gebn für wâr.
der rehten minne ich pin sîn wer,
wand er mit schilde und ouch mit sper
dâ nâch mit rîters handen warp,
unz er in mîme dienste erstarp.
magetuom ich ledeclîche hân:
er ist iedoch vor gote mîn man.
ob gedanke wurken sulen diu werc,
sô trag ich niender den geberc
der underswinge mir mîn ê.
mîme leben tet sîn sterben wê.
der rehten ê diz vingerlîn
für got sol mîn geleite sîn.
daz ist ob mîner triwe ein slôz,
vonme herzen mîner ougen vlôz.
ich pin hinne selbe ander:
Schîânatulander
ist daz eine, dez ander ich.“
Parzivâl verstuont dô sich
daz ez Sigûne wære:
den helt dô wênec des verdrôz,
vonme hersenier dez houbet blôz
er macht ê daz er gein ir sprach.
diu juncfrouwe an im ersach
durch îsers râm vil liehtez vel:
Do erkande si den degen snel:
si sprach: „ir sîtz, hêr Parzivâl.
sagt an, wie stêtz iu umb en grâl?
habt ir geprüevet noch sîn art? 441
oder wiest bewendet iuwer vart?“
er sprach zer meide wol geborn:
„dâ hân ich freude vil verlorn.

440, 17 selbe ander = selbst als der andere = zu zweien. — 30 ens. ob. 120, 13.

der grâl mir sorgen gît genuoc.
ich liez ein lant da ich krône truoc,
dar zuo dez minneclîchste wîp:
ûf erde nie sô schœner lîp
wart geborn von menneschlîcher fruht.
ich sene mich nâch ir kiuschen zuht,
nâch ir minne ich trûre vil;
und mêr nâch dem hôhen zil,
wie ich Munsalvæsche mege gesehen
und den grâl: daz ist noch ungeschehen.
niftel Sigûn, du tuost gewalt,
sît du mîn kumber manecvalt
erkennest, daz du vêhest mich.“
diu maget sprach: „al mîn gerich
sol ûf dich, neve, sîn verkorn.
du hâst doch freuden vil verlorn,
sît du lieze dich beträgen
umb daz werdeclîche vrâgen,
und dô der süeze Anfortas
dîn wirt unt dîn gelücke was.
dâ hete dir vrâgen wunsch bejaget:
nu muoz dîn freude sîn verzaget
und al dîn hôher muot erlemet.
dîn herze sorge hât gezemet,
diu dir vil wilde wære,
hetest dô gevrâgt der mære.“
„Ich warp als der den schaden hât,“ 442
sprach er „liebiu niftel, gip mir rât,
gedenke rehter sippe an mir,
und sage mir ouch, wie stêt ez dir?
ich solde trûrn umb dîne klage,
wan daz ich hœhern kumber trage,
denne ie man getrüege.
mîn nôt ist z'ungefüege.“
Si sprach: „nu helfe dir des hant,
dem aller kumber ist bekant;
ob dir sô wol gelinge,

daz dich ein slâ dar bringe,
aldâ du Munsalvæsche sihst,
dâ du mir dîner freuden gihst.
Cundrîe la surziere reit
vil niulîch hinnen: mir ist leit
daz ich niht vrâgte ob sie dar
wolte kêrn ode anderswar.
immer swenn si kumt, ir mûl dort stêt,
dâ der brunne ûzem velse gêt.
ich rât daz du ir rîtes nâch:
ir ist lîhte vor dir niht sô gâch,
dunne mügest si schiere hân erriten.“
dane wart niht langer dô gebiten,
urloup nam der helt aldâ:
dô kêrter ûf die niwen slâ:
Cundrîen mûl die reise gienc,
daz ungeverte im undervienc
eine slâ dier het erkorn.
sus wart aber der grâl verlorn.
Al sîner vröude er dô vergaz. 443
ich wæne er het gevrâget baz,
wær er ze Munsalvæsche komn,
denne als ir ê hât vernomn.

P. trifft unterwegs noch einen Gralritter, den er besiegt und dessen Roß er besteigt, da sein eigenes gefallen war.

Swerz ruocht vernemen, dem tuon ich kuont 446
wie im sîn dinc dâ nâch gestuont.
desn prüeve ich niht der wochen zal,
über wie lanc sider Parzivâl
reit durch âventiure als ê.
eins morgens was ein dünner snê,
iedoch sô dicke wol gesnît,
als der noch frost den liuten gît.
ez was ûf einem grôzen walt.
im widergienc ein rîter alt,

442, 28 Wegelosigkeit unterbrach ihn.

des part al grâ was gevar,
dâ bî sîn vel lieht unde clâr:
die selben varwe truoc sîn wîp;
diu bêdiu über blôzen lîp
truogen grâwe röcke herte
ûf ir bîhte verte.
sîniu kint, zwuo juncfrouwen,
die man gerne mohte schouwen,
dâ giengen in der selben wât.
daz riet in kiusches herzen rât:
si giengen alle barfuoz.
Parzivâl bôt sînen gruoz
dem grâwen rîter der dâ gienc;
von des râte er sît gelücke enphienc.
ez mohte wol ein hêrre sîn.
dâ liefen frouwen bräckelîn.
mit senften siten niht ze hêr
gienc dâ rîter und knappen mêr
mit zühten ûf der gotes vart:
genuog so junc, gar âne bart.
Parzivâl der werde degen 447
het des lîbes sô gepflegen
daz sîn zimierde rîche
stuont gar rîterlîche:
in selhem harnasch er reit,
dem ungelîch was jeniu kleit
die gein im truoc der grâwe man.
daz ors ûzem pfade sân
kêrte er mit dem zoume.
dô nam sîn vrâgen goume
umb der guoten liute vart:
mit süezer rede ers innen wart.
dô was des grâwen rîters klage,
daz ime die heileclîchen tage
niht hulfen gein alselhem site,

447, 10 d. i. er fragte aufmerksam prüfend.

daz er sunder wâpen rite
ode daz er barfuoz gienge
unt des tages zît begienge.
Parzivâl sprach zim dô:
„hêrre, ich erkenne sus noch sô,
wie des jârs urhap gestêt
oder wie der wochen zal gêt.
swie die tage sint genant,
daz ist mir allez unbekant.
ich diende eime, der heizet got,
ê daz sô lasterlîchen spot
sîn gunst übr mich erhancte:
mîn sin im nie gewancte,
von dem mir helfe was gesaget:
nu ist sîn helfe an mir verzaget."
Dô sprach der rîter grâ gevar: 448
„meint ir got den diu maget gebar?
geloubt ir sîner mennescheit,
waz er als hiut durch uns erleit,
als man diss tages zît begêt,
unrehte iu denne dez harnasch stêt.
ez ist hiute der karfrîtac,
des al diu werlt sich fröwen mac
unt dâ bî mit angest siufzec sîn.
wâ wart ie hôher triuwe schîn,
dan die got durch uns begienc,
den man durch uns anz kriuze hienc?
hêrre, pfleget ir toufes,
sô jâmer iuch des koufes:
er hât sîn werdeclîchez leben
mit tôt für unser schult gegeben,
durch daz der mensche was verlorn,
durch schulde hin zer helle erkorn.
ob ir niht ein heiden sît,
sô denket, hêrre, an dise zît.

447, 29 von dessen Hilfe man mir erzählte. — 448, 10 hôher ist Komparativ. — 13 wenn ihr getauft seid.

rîtet fürbaz ûf unser spor.
iu ensitzet niht ze verre vor
ein heilec man: der gît iu rât,
wandel für iuwer missetât.
welt ir im riuwe künden,
er scheidet iuch von sünden."
Sîn tohter begunden sprechen
„waz wilt du, vater, rechen?
so bœse weter wir nu hân,
waz râts nimstu dich gein im an?
Wan füerstun da er erwarme? 449
sîne gîserten arme,
swie rîterlîch die sîn gestalt,
uns dunct doch des, si haben kalt:
er erfrüre, wærn sîn eines drî.
du hâst hie stênde nâhen bî
gezelt und slavenîen hus:
kœm dir der künec Artûs,
du behieltst in ouch mit spîse wol.
nu tuo als ein wirt sol,
füer disen rîter mit dir dan."
sô sprach aber der grâwe man:
„hêr, mîn tohter sagent al wâr.
hie nâhen bî elliu jâr
var ich ûf disen wilden walt,
ez sî warm oder kalt,
immer gein des marter zît,
der stæten lôn nâch dienste gît.
swaz spîse ich ûz brâht durch got,
die teil ich mit iu âne spot.
Diez mit guoten willen tâten,
die juncfrouwen bâten
in belîben sêre:
unt er hete belîbens êre,
iewederiu daz mit triwen sprach.

449, 5 = wäre er dreimal so stark. — 17 marter zit = Passionszeit.

Parzivâl an in ersach,
swie tiur von frost dâ was der sweiz,
ir munde wârn rôt, dicke, heiz:
die stuonden niht senlîche,
des tages zîte gelîche.
Ob ich kleinez dinc dar ræche, 450
ungern ich daz verspræche,
ichn holt ein kus durch suone dâ,
op si der suone spræchen jâ.
wîp sint et immer wîp:
werlîches mannes lîp
hânt si schier betwungen:
in ist dicke alsus gelungen.
  Parzivâl hie unde dort
mit bete hôrt ir süezen wort,
des vater, muotr unt der kinde.
er dâhte: „ob ich erwinde,
ich gên ungerne in dirre schar.
dise meide sint so wol gevar,
daz mîn rîten bî in übel stêt,
sît man und wîp ze fuoz hie gêt.
sich füegt mîn scheiden von in baz,
sît ich gein dem trage haz,
den si von herzen minnent
unt sich helfe da versinnent.
der hât sîn helfe mir verspart
und mich von sorgen niht bewart.
  Parzivâl sprach zin dô sân:
„hêrre und frouwe, lât mich hân
iwern urloup. gelücke iu heil
gebe, und freuden vollen teil.
ir juncfrouwen süeze,
iwer zuht iu danken müeze,
sît ir gundet mir gemaches wol.
iwern urloup ich haben sol.“

450, 12 ob ich erwinde = wenn ich meinen Weg nicht fortsetze.

Er neic, unt die andern nigen. 451
dâ wart ir klage niht verswigen.
Hin rîtet Herzeloyde fruht.
dem riet sîn manlîchiu zuht
kiusche unt erbarmunge:
sît Herzeloyd diu junge
in het ûf gerbet triuwe,
sich huop sîns herzen riuwe.
alrêrste er dô gedâhte,
wer al die werlt volbrâhte,
an sînen schepfære,
wie gewaltec der wære,
er sprach: ,,waz ob got helfe phliget,
diu mînem trûren an gesiget?
wart ab er ie rîter holt,
gediende ie rîter sînen solt,
ode mac schilt unde swert
sîner helfe sîn sô wert,
und rehtiu manlîchiu wer,
daz sîn helfe mich vor sorgen ner,
ist hiute sîn helflîcher tac,
sô helfe er, ob er helfen mac."
er kêrt sich wider dann er dâ reit.
si stuonden dannoch, den was leit
daz er von in kêrte.
ir triuwe si daz lêrte:
die juncfrouwen im sâhen nâch;
gein den ouch im sîn herze jach
daz er si gerne sæhe,
wande ir blic in schœne jæhe.
er sprach: ,,ist gotes kraft sô fier 452
daz si beidiu ors unde tier
unt die liute mac wîsen,
sîne kraft wil ich im prîsen.
mac gotes kunst die helfe hân,

451, 7 auf ihn vererbt hatte. — 15 rîter ist Dativ. — 30 der Konjunktiv jæhe im Sinne P.s: weil ihr Anblick ihre Schönheit erkennen ließe.

dîu wise mir diz kastelân
dez wægest umb die reise mîn:
sô tuot sîn güete helfe schîn:
nu genc nâch der gotes kür!“
den zügel gein den ôren für
er dem orse legete,
mit den sporn erz vaste regete.
gein Fontân la salvâtsche ez gienc,
dâ Orilus den eit enphienc.
der kiusche Trevrizent dâ saz.
der manegen mântac übel gaz:
als tet er gar die wochen.
er hete gar versprochen
môraz, wîn, und ouch dez prôt.
sîn kiusche im dennoch mêr gebôt,
der spîse het er keinen muot,
vische noch fleisch, swaz trüege bluot.
sus stuont sîn heileclîchez lebn.
got het im den muot gegebn:
der hêrre sich bereite gar
gein der himelischen schar.
mit vaste er grôzen kumber leit:
sîn kiusche gein dem tievel streit.
  An dem ervert nu Parzivâl
diu verholnen mære umben grâl.
Swer mich dervon ê frâgte 453
unt drumbe mit mir bâgte,
ob ichs im niht sagte,
umprîs der dran bejagte.
mich batez helen Kyôt,
wand im diu âventiure gebôt
daz es immer man gedæhte,

452, 13 diese Quelle gehört auch zur Umgebung von Munsalvaesche; die Einsiedelei Trevrizents ist darüber erbaut. — 14 wo P. Orilus den Eid abgelegt, daß er dessen Gattin Jeschute nicht zum Treubruch verleitet habe. — 15 Trevrizent ist ein Bruder des Anfortas und der Herzeloyde; er hat, um sein weltliches Treiben zu sühnen, ein frommes Einsiedlerleben erwählt.

ê ez d'âventiure bræhte
mit worten an der mære gruoz
daz man dervon doch sprechen muoz.
  Kyôt der meister wol bekant
ze Dôlet verworfen ligen vant
in heidenischer schrifte
dirre âventiure gestifte.

Hier folgt ein Bericht über die Geschichte des Grals; dann fährt der Dichter in seiner Erzählung von Parzivals Fahrt fort.

er erkande ein stat, swie læge der snê 455
dâ liehte bluomen stuonden ê.
daz was vor eins gebirges want,
aldâ sîn manlîchiu hant
froun Jeschûten die hulde erwarp,
unt dâ Orilus zorn verdarp.
Diu slâ in da niht halden liez: 456
Fontâne la salvâtsche hiez
ein wesen, dar sîn reise gienc.
er vant den wirt, der in enphienc.
  Der einsidel zim sprach:
„ouwê, hêr, daz iu sus geschach
in dirre heileclîchen zît.
hât iuch angestlîcher strît
in diz harnasch getriben?
ode sît ir âne strît beliben?
sô stüende iu baz ein ander wât,
lieze iuch hôchferte rât.
nu ruocht erbeizen, hêrre,
(ich wæne iu daz iht werre)
und erwarmt bî einem fiure.
hât iuch âventiure
ûz gesant durch minnen solt,
sît ir rehter minne holt,

453, 9 ausdrücklich an das Entgegenkommen der Geschichte. — 12 Dolêt Toledo. — 456, 2 F. l. S. frz. = wilder Quell (Wildbrunnen). — 3 wesen hier = Ort, Stelle.

sô minnt als nû diu minne gêt,
als disses tages minne stêt:
dient her nâch umbe wîbe gruoz.
ruocht erbeizen, ob ichs biten muoz."
Parzivâl der wîgant
erbeizte nider al zehant,
mit grôzer zuht er vor im stuont.
er tet im von den liuten kuont,
die in dar wîsten,
wie die sîn râten prîsten.
sô sprach er: „hêr, nu gebt mir rât:
ich bin ein man der sünde hât."
Dô disiu rede was getân, 457
dô sprach aber der guote man:
„ich bin râtes iwer wer.
nu sagt mir wer iuch wîste her."
„hêr, ûf dem walt mir widergienc
ein grâ man, der mich wol enpfienc:
als tet sîn massenîe.
der selbe valsches frîe
hât mich zuo ziu her gesant:
ich reit sîn slâ, unz ich iuch vant."
der wirt sprach: „das was Kahenîs:
der ist werdeclîcher fuore al wîs.
der fürste ist ein Punturteis:
der rîche künec von Kareis
sîne swester hât ze wîbe.
nie kiuscher fruht von lîbe
wart geborn dan sîn selbes kint,
diu iu dâ widergangen sint.
der fürste ist von küneges art.
alle jâr ist zuo mir her sîn vart."
Parzivâl zem wirte sprach:
„dô ich iuch vor mir stênde sach,
vorht ir iu iht, do ich zuo ziu reit?

457, 13 Punturteis, Einwohner einer vermutlich britischen Hafenstadt (Punt?). – 14 künec v. Kareis, sonst nicht genannt.

was iu mîn komen dô iht leit?
dô sprach er: „hêrre, geloubet mirz,
mich hât der ber und ouch der hirz
erschrecket dicker denne der man.
ein wârheit ich iu sagen kan,
ichn fürhte niht swaz mennisch ist:
ich hân ouch mennischlîchen list.
Het irz niht für einen ruom, 458
sô trüege ich fluht noch magetuom.
mîn herze enpfienc noch nie den kranc
daz ich von wer getæte wanc.
bî mîner werlîchen zît,
ich was ein rîter als ir sît,
der ouch nach hôher minne ranc.
etswenne ich sündebærn gedanc
gein der kiusche parrierte.
mîn lebn ich dar ûf zierte,
daz mir genâde tæte ein wîp.
des hat vergezzen nu mîn lîp.
Gebt mir den zoum in mîne hant.
dort under jenes velses want
sol iwer ors durch ruowe stên.
bî einer wîle sul wir beide gên
und brechn im grazzach unde varm:
anders fuoters bin ich arm.
wir sulenz doch harte wol ernern."
Parzivâl sich wolde wern,
daz ers zoums enpfienge niht.
„iwer zuht iu des niht giht,
daz ir strîtet wider decheinen wirt,
ob unfuoge iwer zuht verbirt."
alsus sprach der guote man.
dem wirte wart der zoum verlân.
der zôch dez ors undern stein,
dâ selten sunne hin erschein.

458, 2 ich wäre noch jungfräulich vor der Flucht = ich wäre noch nie geflohen.

daz was ein wilder marstal:
dâ durch gienc eins brunnen val.
Parzivâl stuont ûffem snê. 459
ez tæte eim kranken manne wê,
ob er harnasch trüege
da der frost sus an in slüege.
der wirt in fuorte in eine gruft,
dar selten kom des windes luft.
dâ lâgen glüendige koln:
die mohte der gast vil gerne doln.
ein kerzen zunde des wirtes hant:
do entwâpent sich der wîgant.
undr im lac ramschoup unde varm,
al sîne lide im wurden warm,
sô daz sîn vel gap liehten schîn.
er moht wol waltmüede sîn:
wand er het der strâzen wênc geriten,
âne dach die naht des tages erbiten:
als het er manege ander.
getriwen wirt dâ vander.
Dâ lac ein roc: den lêch im an
der wirt, unt fuort in mit im dan
zeiner andern gruft: dâ inne was
sîniu buoch dar an der kiusche las.
nâch des tages site ein alterstein
dâ stuont al blôz. dar ûf erschein
ein kefse: diu wart schier erkant;
dar ûffe Parzivâles hant
swuor einen ungefelschten eit,
dâ von froun Jeschûten leit
ze liebe wart verkêret
unt ir fröude gemêret.
Parzivâl zem wirte sîn 460
sprach: „hêrre, dirre kefsen schîn

459, 19 lêch im an, lieh ihm zum Anziehen. — 22 diu buoch = Bibel — 23 d. h. nach Karfreitagsbrauch.

erkenne ich, wand ich drûffe swuor
zeinen zîten do ich hie für si fuor.
ein gemâlt sper derbî ich vant:
hêr, daz nam al hie mîn hant;
damit ich prîs bejagte,
als man mir sider sagte.
ich verdâht mich an mîn selbes wîp
sô daz von witzen kom mîn lîp.
zwuo rîche tjoste dermit ich reit:
unwizzende ich die bêde streit.
dannoch het ich êre:
nu hân ich sorgen mêre
denne ir an manne ie wart gesehn.
durch iwer zuht sult ir des jehn,
wie lanc ist von der zîte her,
hêr, daz ich hie nam daz sper?"
Dô sprach aber der guote man
„dez vergaz mîn friunt Taurîân
hie: er kom mirs sît in klage.
fünfthalp jâr unt drî tage
ist daz irz im nâmet hie.
welt iz hœrn, ich prüeve iu wie."
ame salter laser im über al
diu jâr und gar der wochen zal,
die dâ zwischen wâren hin.
„alrêrst ich innen worden bin
wie lange ich var wîselôs
unt daz freuden helfe mich verkôs."
Sprach Parzivâl: „mirst freude ein troum: 461
ich trage der riuwe swæren soum.
hêrre, ich tuon iu mêr noch kuont.
swâ kirchen ode münster stuont,
dâ man gotes êre sprach,
kein oug mich dâ nie gesach
sît den selben zîten:
ichn suochte niht wan strîten.
ouch trage ich hazzes vil gein gote:

wand er ist mîner sorgen tote.
die hât er alze hôhe erhaben:
mîn freude ist lebendec begraben.
kunde gotes kraft mit helfe sîn
waz ankers wær diu vreude mîn?
diu sinket durch der riuwe grunt.
ist mîn manlîch herze wunt,
od mag ez dâ vor wesen ganz,
daz diu riuwe ir scharpfen kranz
mir setzet ûf werdekeit,
die schildes ambet mir erstreit
gein werlîchen handen,
des gihe ich dem ze schanden,
der aller helfe hât gewalt,
ist sîn helfe helfe balt,
daz er mir denne hilfet niht,
sô vil man im der helfe giht.“
  Der wirt ersiuft unt sah an in.
dô sprach er: „hêrre, habet ir sin,
sô schult ir gote getrûwen wol:
er hilft iu, wand er helfen sol.
got müeze uns helfen beiden. 462
hêrre, ir sult mich bescheiden
(ruochet alrêrst sitzen),
sagt mir mit kiuschen witzen,
wie der zorn sich an gevienc,
dâ von got iuwern haz enpfienc.
durch iuwer zühte gedolt
vernemet von mir sîn unscholt,
ê daz ir mir von im iht klaget.
sîn helfe ist immer unverzaget.
doch ich ein leie wære,
der wâren buoche mære

461, 10 d. i. Gott hat wie ein Pate sein Kind meine Sorgen allzusehr gefördert. — 15 d. i. sie findet keinen festen Grund. — 17 oder könnte es davor bewahrt bleiben (was aber nicht eingetreten ist). — 462, 12 die wâren buoche sind die Bibel.

kund ich lesen unde schrîben,
wie der mensche sol belîben
mit dienste gein des helfe grôz,
den der stæten helfe nie verdrôz
für der sêle senken.
sît getriuwe ân allez wenken,
sît got selbe ein triuwe ist:
dem was unmære ie falscher list.
wir suln in des geniezen lân:
er hât vil durch uns getân,
sît sîn edel hôher art
durch uns ze menschen bilde wart.
got heizt und ist diu wârheit:
dem was ie falschiu fuore leit.
daz sult ir gar bedenken.
ern kan an niemen wenken.
nu lêret iwer gedanke,
hüet iuch gein im an wanke.
irn megt im abe erzürnen niht: 463
swer iuch gein im in hazze siht,
der hât iuch an den witzen kranc.

Durch Hochmut fiel Luzifer und seine Genossen, durch Selbstsucht die Menschen. Gott ist ein Gott der Liebe; aber er durchschaut die geheimsten Gedanken des Menschen und prüft ihn, wenn er ihn nicht treu erfindet.

welt ir nu gote füegen leit, 467
der ze bêden sîten ist bereit,
zer minne und gein dem zorne,
sô sît ir der verlorne.
nu kêret iwer gemüete,
daz er iu danke güete."
Parzivâl sprach zim dô:
„hêrre, ich bin des immer frô,
daz ir mich von dem bescheiden hât,

462, 19 ein triuwe, ein Inbegriff der Treue. — 29f. = prägt es eurem Herzen ein, daß ihr verpflichtet seid, auch ihm gegenüber euch vor Wankelmut zu hüten.

der nihtes ungelônet lât,
der missewende noch der tugent.
ich hân mit sorgen mîne jugent
alsus brâht an disen tac,
daz ich durch triuwe kumbers pflac."
der wirt sprach aber wider zim:
„nimts iuch niht hæl, gern ich vernim
waz ir kumbers unde sünden hât.
ob ir mich diu prüeven lât,
dar zuo gib ich iu lîhte rât.
des ir selbe niht enhât."
dô sprach aber Parzivâl:
„mîn hœhstiu nôt ist umb den grâl;
dâ nâch umb mîn selbes wîp.

Das letztere lobt Trevrizent, das erstere schilt er als töricht. Darauf gibt er ihm Kunde vom Gral, von seinen Kräften und seinen Hütern, den Templeisen. Nur wer von Gott zum Gral berufen ist, kann ihn erlangen: darum warnt er ihn vor zu großem Selbstgefühl und vor Hoffart. Weiter erzählt er ihm, wie Anfortas seine Hoffart büßt, und nachdem P. ihm seine Abstammung genannt, berichtet er ihm von seiner Verwandtschaft mit den Gralkönigen, tadelt ihn aber bitter, daß er in Ither einen nahen Verwandten erschlagen und seiner Mutter Tod veranlaßt habe. Am ausführlichsten schildert er die Geschicke des Anfortas, und wie seine Krankheit von ihm genommen werden sollte.

Unser venje viel wir für den grâl. 483
dar an gesâh wir zeinem mâl
geschriben, dar solde ein rîter komen:
wurd des frâge aldâ vernomen,
sô solt der kumber ende hân:
ez wære kint, magt ode man,
daz in der frâge warnet iht,
sone solt diu frâge helfen niht,
wan daz der schade stüende als ê

483, 23 d. i. des Anfortas Leiden. — 25 warnen = mahnen.

und herzelîcher tæte wê.
diu schrift sprach: „habet ir daz vernomen?
iwer warnen mac ze schaden komen.
frâgt er niht bî der ersten naht, 484
so zergêt sîner frâge maht.
wirt sîn frâge an rehter zît getân,
sô sol erz künecrîche hân,
und hât der kumber ende
von der hœhsten hende.
dâ mit ist Anfortas genesen,
ern sol ab niemer künec wesen.“

Als darauf noch Trev. erzählt, daß ein Ritter gekommen sei, aber die Frage nicht getan, faßt P. sich ein Herz.

Dô si daz ors begiengen, 488
niwe klage si an geviengen.
Parzivâl zem wirte sîn
sprach: „hêrre und lieber œheim mîn,
getorst ichz iu vor schame gesagen,
mîn ungelücke ich solde klagen.
daz verkiest durch iuwer selbes zuht:
mîn triuwe hât doch gein iu fluht.
ich hân sô sêre missetân,
welt ir michs engelten lân,
sô scheide ich von dem trôste
unt bin der unerlôste
immer mêr von riuwe.
ir sult mit râtes triuwe
klagen mîne tumpheit.
der ûf Munsalvæsche reit,
unt der den rehten kumber sach,
unt der deheine vrâge sprach,
daz bin ich unsælec barn:
sus hân ich, hêrre, missevarn.“
der wirt sprach: „neve, waz sagestu nuo?
wir sulen bêde samt zuo

844, 8 niemer = nie mêr d. i. nicht länger.

herzenlîcher klage grîfen
und die freude lâzen slîfen,
sît dîn kunst sich sælden sus verzêch.
dô dir got fünf sinne lêch,
die hânt ir rât dir vor bespart.
wie was dîn triuwe von in bewart
an den selben stunden
bî Anfortases wunden?
doch wil ich râtes niht verzagen: 489
dune solt och niht ze sêre klagen.
du solt in rehten mâzen
klagen und klagen lâzen.
diu menscheit hât wilden art.
etswâ wil jugent an witze vart:
wil dennez alter tumpheit üeben
unde lûter site trüeben,
dâ von wirt daz wîze sal
unt diu grüene tugent val,
dâ von beklîben möhte
daz der werdekeit töhte.
möht ich dirz wol begrüenen
unt dîn herze alsô erküenen
daz dû den prîs bejagetes
und an got niht verzagetes,
sô gestüende noch dîn linge
an sô werdeclîchem dinge,
daz wol ergetzet hieze.
got selbe dich niht lieze:
ich bin von gote dîn râtes wer."

Innerlich beruhigt und als ein neuer Mensch verläßt P. nach vierzehn Tagen den Klausner.

488, 25 da dein Mangel an Verständnis dir das Glück verscherzte. — 28 wie konnten sie dein Mitleid so sehr zurückdrängen. — 489, 6 d. i. Jugend will gern den Weg der Klugheit betreten, sich klug dünken. — 7 dennez = denne daz. — 8 d. i. seine geläuterte Lebensanschauung. — 13 d. i. deinen Jugendmut dir wieder geben. — 19 d. i. daß der Erfolg als eine Vergütung deines Ringens gelten könnte.

sus was er dâ fünfzehen tage. 501
der wirt sîn pflac als ich iu sage.
krût unde würzelîn
daz muose ir bestiu spîse sîn.
Parzivâl die swære
truoc durch süeziu mære,
wand in der wirt von sünden schiet
unt im doch rîterlîchen riet.
Eins tages frâgt in Parzivâl:
„wer was ein man lac vorme grâl?
der was al grâ bî liehtem vel.“
der wirt sprach: „daz was Titurel.
der selbe ist dîner muoter an.
dem wart alrêrst des grâles van
bevolhen durch schermens rât,
ein siechtuom heizet pôgrât
treit er, die leme helfelôs.
sîne varwe er iedoch nie verlôs,
wand er den grâl sô dicke siht:
dâ von mager ersterben niht.
Durch rât si hânt den betterisen. 502
in sîner jugent fürt unde wisen
reit er vil durch tjostieren.
wilt du dîn leben zieren
und rehte werdeclîchen varn,
sô muostu haz gein wîben sparn.
wîp und pfaffen sint erkant,
die tragent unwerlîche hant:
sô reicht übr pfaffen gotes segen.
der sol dîn dienst mit triwen pflegen
dar umbe, ob wirt dîn ende guot:
du muost zen pfaffen haben muot.
swaz dîn ouge ûf erden siht,
daz glîchet sich dem priester niht.
sîn munt die marter sprichet,

502, 1 durch rât = um seinen Rat zu erhalten.

diu unser flust zebrichet:
ouch grîfet sîn gewîhtiu hant
an daz hœheste pfant
daz ie für schult gesetzet wart:
swelch priester sich hât sô bewart
daz er dem kiusche kan gegebn,
wie möht der heileclîcher lebn?"
diz was ir zweier scheidens tac.
Trevrizent sich des bewac,
er sprach: „gip mir dîn sünde her:
vor gote ich bin dîn wandels wer,
und leiste als ich dir hân gesaget:
belîp des willen unverzaget."
von ein ander schieden sie:
ob ir welt, sô prüevet wie.

Im zehnten Buche (Gawan und Orgeluse) werden Abenteuer Gawans, des lebenslustigen Weltritters, im Dienste der schönen, aber übermütigen Orgeluse erzählt; im elften Buche (Gawan und das Wunderbett) die Befreiung der Jungfrauen aus Schastel marveil; im zwölften Buche (Gawan und Gramoflanz) neue Abenteuer Gawans für Orgeluse und das Zusammentreffen mit König Gramoflanz, mit dem ein Zweikampf verabredet wird (P. ist achtlos vorübergezogen); im dreizehnten Buche (Klinschor) Gawans Vermählung mit Orgeluse, Klinschors, des mächtigen Zauberers, Ausrüstung des Wunderschlosses und die Ankunft des Artusheeres zu dem verabredeten Zweikampf. Im vierzehnten Buche (Parzival und Gawan) trifft Gawan auf P., und sie kämpfen, ohne sich zu erkennen. Gawan ist nahe daran, zu unterliegen, da wird sein Name gerufen, und P. gibt sich zu erkennen. Er besiegt vor Gawan den Gramoflanz, aber durch Artus' Vermittlung söhnt sich dieser mit Gawan aus. Große Feste werden gefeiert, doch P., von Sehnsucht nach Kondwiramur und von neuen Zweifeln gequält, stiehlt sich beim Morgengrauen aus dem Kreise der Frohen hinweg.

Fünfzehntes Buch:

PARZIVAL UND FEIREFIZ.

P. stößt auf einen Heiden in der prächtigsten Rüstung; es beginnt ein harter Strauß. Der Heide gewinnt stets neue Kraft, sobald er an seine Geliebte denkt und den Namen ihrer Stadt ausruft.

Den wart hie widerruoft gewegen: 744
Parzivâl begunde ouch pflegen
daz er Pelrapeire schrîte.
Condwîrâmûrs bezîte
durch vier künecrîche aldar
sîn nam mit minnen kreften war,
dô sprungen (des ich wæne)
von des heidens schilde spæne,
etslîcher hundert marke wert.
von Gaheviez daz starke swert
mit slage ûfs heidens helme brast,
sô daz der küene rîche gast
mit strûche venje suochte.
got des niht langer ruochte,
daz Parzivâl daz rê nemen
in sîner hende solte zemen:
daz swert er Ithêre nam,
als sîner tumpheit dô wol zam.
der ê nie geseic durch swertes swanc,
der heiden snellîche ûf dô spranc.
ez ist noch ungescheiden,
z' urteile stêtz in beiden
vor der hœhsten hende:
daz diu ir sterben wende!
Der heiden muotes rîche
der sprach dô höveschlîche,
en franzois daz er kunde,
ûz heidenischem munde:

744, 1 den d. i. den Schlachtrufen des Heiden. — 10 Das Schwert, welches er Ither von Gahaviez abgenommen.

„ich sihe wol, werlîcher man,
dîn strît wurde âne swert getân:
waz prîss bejagete ich danne an dir? 745
stânt stille unde sage mir,
werlîcher helt, wer du sîs.
für wâr du hetes mînen prîs
behabet, der lange ist mich gewert,
wær dir zebrosten niht dîn swert.
nu sî von uns bêden vride,
unz uns geruowen baz diu lide.“
si sâzen nider ûfez gras:
manheit bî zuht an beiden was,
und ir bêder jâr von solher zît,
ze alt noch ze junc si bêde ûf strît.
der heiden zem getouften sprach:
„nu geloube, helt, daz ich gesach
bî mînen zîten noch nie man,
der baz den prîs möhte hân,
den man in strîte sol bejagen.
nu ruoche, helt, mir beidiu sagen,
dînen namen unt dînen art:
so ist wol bewendet her mîn vart.“
dô sprach der Herzeloyden suon:
„sol ich daz durch vorhte tuon,
sone darf es niemen an mich gern,
sol ichs betwungenlîche wern.“
der heiden von Thasmê
sprach: „ich wil mich nennen ê,
und lâ daz laster wesen mîn.
ich pin Feirefîz Anschevîn,
sô rîche wol daz mîner hant
mit zinse dienet manec lant.“
Dô disiu rede von im geschach, 746
Parzivâl zem heiden sprach:

744, 30 wurde ist Konjunktiv. — 745, 22ff. den Namen zu nennen galt als Eingeständnis der Niederlage. — 25 Thasmê auch eine Stadt der Secundille; vgl. oben zu 316, 30.

„wâ von sît ir ein Anschevîn?
Anschouwe ist von erbe mîn,
bürge, lant und stete.
— — — — — — — — — — — —
ist unser dweder ein Anschevîn,
daz sol ich von arde sîn.
doch ist mir für wâr gesaget,
daz ein helt unverzaget
wone in der heidenschaft:
der habe mit rîterlîcher kraft
minne unt prîs behalten,
daz er muoz beider walten.
der ist ze bruoder mir benant:
si hânt in dâ für prîs erkant.“
aber sprach dô Parzivâl:
„hêrre, iuwers antlützes mâl,
het ich diu kuntlîche ersehen,
sô wurde iu schier von mir verjehen,
als er mir kunt ist getân.
hêrre, welt irs an mich lân,
so enblœzet iuwer houbet.
obe ir mirz geloubet,
mîn hant iuch strîtes gar verbirt,
unz ez anderstunt gewâpent wirt.“
Dô sprach der heidenische man: 747
„dîns strîts ich wênec angest hân.
stüende ich gar blôz, sît ich hân swert,
du wærst doch schumpfentiure gewert,
sît dîn swert zebrosten ist.
al dîn werlîcher list
mac dich vor tôde niht bewarn,
ine welle dich anders gerne sparn.
ê du begundest ringen,
mîn swert lieze ich klingen

746, 20 für prîs = des Preises für wert. — 747, 4 d. i. du müßtest doch unterliegen. — 9 ringen = einen Ringkampf beginnen.

beidiu durch îser und durch vel.“
der heiden starc unde snel
tet manlîche site schîn:
„diz swert sol unser dweders sîn;“
ez warf der küene degen balt
verre von im in den walt.
er sprach: „sol nu hie strît ergên,
dâ muoz glîchiu schanze stên.“
dô sprach der rîche Feirefîz:
„helt, durch dîner zühte vlîz,
sît du bruoder megest hân,
sô sage mir, wie ist er getân?
tuo mir sîn antlütze erkant,
wie dir sîn varwe sî genant.“
dô sprach Herzeloyden kint:
„als ein geschriben permint,
swarz und blanc her unde dâ,
sus nande mir ín Eckubâ.“
der heiden sprach: „der bin ich.“
si bêde wênc dô sûmten sich,
ieweder sîn houbet schier 748
von helme und von hersenier
enblôzte an der selben stunt.
Parzivâl vant hôhen funt,
unt den liebsten den er ie vant.
der heiden schiere wart erkant:
wand er truoc agelstern mâl.
Feirefîz unt Parzivâl
mit kusse understuonden haz:
in zam ouch bêden friuntschaft baz
dan gein ein ander herzen nît.
triuwe und liebe schiet ir strît.
  Der heiden dô mit freuden sprach:
„ôwol mich daz ich ie gesach
des werden Gahmuretes kint!

747, 20 „bei deiner sorgfältigen Erziehung“. — 28 s. o. Zwischentext nach 317.

al mîne gote des gêret sint.
mîn gotinne Jûnô
dis prîses mac wol wesen vrô.
mîn kreftec got Jupiter
dirre sælden was mîn wer.
gote und gotinne,
iwer kraft ich immer minne.
geêrt sî des plânêten schîn,
dar inne diu reise mîn
nâch âventiure wart getân
gein dir, vorhtlîch süezer man,
daz mich von dîner hant gerou.
geêrt sî luft unde tou,
daz hiute morgen ûf mich reis.
minnen slüzzel kurteis!
ôwol diu wîp dich sulen sehen! 749
waz den doch sælden ist geschehen!“
„ir sprechet wol: ich spræche baz,
ob ich daz kunde, ân allen haz.
nu bin ich leider niht sô wîs,
des iuwer werdeclîcher prîs
mit worten mege gehœhet sîn:
got weiz ab wol den willen mîn.
swaz herze und ougen künste hât
an mir, diu beidiu niht erlât,
iwer prîs sagt vor, si volgent nâch.
daz nie von rîters hant geschach
mir grœzer nôt, für wâr ichz weiz,
dan von iu,“ sprach der von Kanvoleiz.
dô sprach der rîche Feirefîz:
„Jupiter hât sînen vlîz,
werder helt, geleit an dich.
du solt niht mêre irzen mich:
wir heten bêd' doch einen vater.“

749, 11 iwer prîs ist Subjekt zu beiden Verben: euer Ruhm hat mein Herz und Augen gefangen, so daß sie nur denken und ausdrücken, was er fordert. — 16 s. oben zu 140, 5.

mit brüederlîchen triuwen bater
daz er irzens in erlieze
und in duzenlîche hieze.
diu rede was Parzivâle leit.
der sprach: bruoder, iur rîcheit
glîchet wol dem bâruc sich:
sô sît ir elter ouch dan ich.
mîn jugent unt mîn armuot
sol sölher lôsheit sîn behuot,
daz ich iu duzen biete,
swenn ich mich zühte niete."

P. zieht mit seinem Bruder an Artus' Hof, wo sie ehrenvoll empfangen werden. Da erscheint Kundrie mit froher Botschaft für P.

An der selben stunde 781
ir rede si sus begunde:
„ôwol dich, Gahmuretes suon!
got wil genâde an dir nu tuon.
ich meine den Herzeloyde bar.
Feirefîz der vêch gevar
muoz mir willekomen sîn
durch Secundilln die frouwen mîn
und durch manege hôhe werdekeit,
die von kindes jugent sîn prîs erstreit."
zuo Parzivâl sprach si dô:
„nu wis kiusche unt dâ bî vrô.
wol dich des hôhen teiles,
dû krône menschen heiles!
daz epitafjum ist gelesen:
du solt des grâles hêrre wesen.
Condwîrâmûrs daz wîp dîn
und dîn sun Loherangrîn
sint beidiu mit dir dar benant.
dô du rûmdes Brôbarz daz lant,

781, 8 Kundrie war von ihrer früheren Herrin Secundille dem Anfortas geschenkt.

zwên süne si lebendec dô truoc.
Kardeiz hât och dort genuoc.
wær dir niht mêr sælden kunt,
wan daz dîn wârhafter munt
den werden unt den süezen
mit rede nu sol grüezen:
den künec Anfortas nu nert
dîns mundes vrâge, diu im wert
siufzebæren jâmer grôz:
wâ wart an sælde ie dîn genôz?“

— — — — — — — — — — — —

„sorge ist dînhalp nu weise. 782
swaz der plânêten reise
umbloufet, ir schîn bedecket,
des sint dir zil gestecket
ze reichen und z'erwerben.
dîn riuwe muoz verderben.
wan ungenuht al eine,
dern gît dir niht gemeine
der grâl unt des grâles kraft
verbietent valschlîch gesellschaft.
du hetes junge sorge erzogen:
die hât kumendiu freude an dir betrogen.
du hâst der sêle ruowe erstriten
und des lîbes freude in sorge erbiten.“

Parzivâln ir mæres niht verdrôz. 783
durch liebe ûz sînen ougen vlôz
wazzer, 's herzen ursprinc.
dô sprach er: „frouwe, solhiu dinc
als ir hie habet genennet,
bin ich vor gote erkennet
sô daz mîn sündehafter lîp,
und hân ich kint, dar zuo mîn wîp,
daz diu des pflihte sulen hân,

782, 27 „du hattest als junger Mensch dir Sorge groß gezogen“. — 28 „die nahende Freude hat ihr deinen Besitz streitig gemacht“.

sô hât got wol zuo mir getân.
swar an ir mich ergetzen meget,
dâ mite ir iuwer triuwe reget.
iedoch het ich niht missetân,
ir het mich zorns etswenne erlân.
done waz ez et dennoch niht mîn heil:
nu gebet ir mir sô hôhen teil,
dâ von mîn trûren ende hât.
die wârheit saget mir iuwer wât.
do ich ze Munsalvæsche was
bî dem trûrgen Anfortas,
swaz ich dâ schilde hangen vant,
die wârn gemâl als iwer gewant:
vil turteltûben traget ir hie.
frowe, nu sagt, wenne ode wie
ich süle gein mînen freuden varn,
und lât mich daz niht lange sparn."
dô sprach si: „lieber hêrre mîn,
ein man sol dîn geselle sîn,
den wel: geleites warte an mich.
durch helf niht lange sûme dich."

P. wählt seinen Bruder, und während sie dahinziehen, läßt Artus Kondwiramur und ihre beiden Söhne herbeirufen.

Sechzehntes Buch:

PARZIVAL WIRD GRALKÖNIG.

Von unerträglichen Schmerzen gepeinigt, wünscht Anfortas sehnsüchtig den Tod herbei. Da erscheinen, von den Templeisen freudig begrüßt, P. und Feirefiz.

Dise zwêne enpfienc dô Anfortas
vrœlîche unt doch mit jâmers siten. 795
er sprach: „ich hân unsanfte erbiten,

783, 12 „damit zeigt ihr euer Wohlwollen gegen mich". – 18 wât geht hier auf das Wappen der Turteltaube. – 29 „wegen der Führung rechne auf mich". – 30 d. i. für Anfortas. – 795, 2 ich habe schmerzlich darauf gewartet.

wirde ich immer von iu vrô.
ir schiet nu jungest von mir sô,
pflegt ir helflîcher triuwe,
man siht iuch drumbe in riuwe.
wurde ie prîs von iu gesaget,
hie sî rîter oder maget,
werbet mir dâ zin den tôt
und lât sich enden mîne nôt.
sît ir genant Parzivâl,
sô wert mîn sehen an den grâl
siben naht und aht tage:
dâ mite ist wendec al mîn klage.
ine getar iuch anders warnen niht:
wol iuch, op man iu helfe giht.
iwer geselle ist hie ein vremder man:
sîns stêns ich im vor mir niht gan.
wan lât irn varn an sîn gemach?"
al weinde Parzivâl dô sprach:
„saget mir wâ der grâl hie lige.
op diu gotes güete an mir gesige,
des wirt wol innen disiu schar."
sîn venje er viel des endes dar
drîstunt z'êrn der Trinitât:
er warp daz müese werden rât
des trûrgen mannes herzesêr.
er riht sich ûf und sprach dô mêr:
„œheim, waz wirret dir?"
der durch sant Silvestern einen stier
von tôde lebendec dan hiez gên, 796
und der Lâzarum bat ûf stên,
der selbe half daz Anfortas
wart gesunt unt wol genas.

795, 12f. weil jeder, der einmal den Gral ansah, eine Woche lang vom Tode verschont blieb, auch wenn er sterbenskrank war. — 30f. Die Legende erzählt, daß ein Jude, mit dem St. Silvester vor Konstantin um den Glauben streitet, einen Stier dadurch tötet, daß er ihm seines Gottes Namen ins Ohr flüstert. Silvester erweckt ihn, was der Jude nicht vermag, durch die Anrufung Christi wieder zum Leben.

swaz der Franzoys heizet flôrî,
der glast kom sînem velle bî.
Parzivâls schœn was nû ein wint,
und Absalôn Dâvîdes kint,
von Ascalûn Vergulaht,
und al den schœne was geslaht,
unt des man Gahmurete jach
dô mann în zogen sach
ze Kanvoleiz sô wünneclîch,
ir decheines schœn was der gelîch,
die Anfortas ûz siecheit truoc.
got noch künste kan genuoc.

Unterdessen zieht Kondwiramur herbei, und P. eilt ihr entgegen. Bei Trevrizent macht er halt; dieser ist voll des Lobes von Gottes Güte, die P. angenommen, obwohl er nur Trotz kannte, und mahnt ihn nochmals zur Demut. Ergreifend ist das Wiedersehen mit Kondwiramur am frühen Morgen.

si sprach: „mir hât gelücke dich 801
gesendet, herzen freude mîn.“
si bat in willekomen sîn:
„nu solde ich zürnen; ine mac.
gêrt sî diu wîle unt dirre tac,
der mir brâht disen umbevanc,
dâ von mîn trûren wirdet kranc.
ich hân nu des mîn herze gert,
sorge ist an mir vil ungewert.“
nu erwachten ouch diu kindelîn,
Kardeiz unt Loherangrîn:
diu lâgen ûf dem bette al blôz.
Parzivâln des niht verdrôz,
ern kuste se minneclîche.

796, 9 Vergulahts Mutter war Gahmurets Schwester Flurdamûrs (altfrz. flor d'amors). Über seine von einer Fee stammende Schönheit berichtet das VIII. Buch. Der Maienglanz, der von ihm ausstrahlte, erinnerte Gawan sogleich an Parzival und Gahmuret.

P. übergibt seine weltlichen Reiche Kardeiz, und man zieht nach Munsalvæsche. Unterwegs kehrt P. noch bei Sigune ein, findet sie tot und bestattet sie an der Seite ihres Geliebten. Glanzvoll gestaltet sich der Einzug. Feirefiz wird getauft, wonach er auch den Gral schauen darf, und mit Repanse vermählt, worauf beide nach Indien ziehen und daselbst das Christentum ausbreiten. P. und Kondwiramur pflegen den Gral und erziehen ihre Söhne zu frommen und starken Helden. Loherangrin wird nach Brabant als Helfer der bedrängten Herzogin gesandt.

Loherangrîn wuohs manlîch starc:
diu zageheit sich an im barc.
dô er sich rîterschaft versan,
ins grâles dienste er prîs gewan.
Welt ir nu hœren fürbaz? 824
sît über lant ein frouwe saz,
vor aller valscheit bewart.
rîchheit und hôher art
ûf si beidiu gerbet wâren.
si kunde alsô gebâren,
daz si mit rehter kiusche warp:
al menschlîch gir an ir verdarp.
werder liute warb umb si genuoc,
der etslîcher krône truoc,
und manec fürste ir genôz:
ir diemuot was sô grôz,
daz si sich dran niht wande.
vil grâven von ir lande
begundenz an si hazzen;
wes si sich wolde lazzen,
daz se einen man niht næme,
der ir ze hêrren zaeme.
si hete sich gar an got verlân,
swaz zornes wart gein ir getân.
unschulde manger an sie rach.
einen hof sir landes hêrren sprach.

824, 22 = sie setze eine Landesversammlung an.

manc bote ûz verrem lande fuor
hin zir: die man si gar verswuor;
wan den si got bewîste:
des minn si gerne prîste.
si was fürstîn in Brâbant.
von Munsalvæsche wart gesant
der den der swane brâhte
unt des ir got gedâhte.
Z'Antwerp wart er ûz gezogn, 825
si was an im vil unbetrogn.
er kunde wol gebâren:
man muose in für den clâren
und für den manlîchen
habn in al den rîchen,
swâ man sîn künde ie gewan.
höfsch, mit zühten wîs ein man,
mit triwen milte ân âderstôz,
was sîn lîp missewende blôz.
des landes frouwe in schône enpfienc.
nu hœret wie sîn rede ergienc.
rîch und arme ez hôrten,
die dâ stuonden an allen orten.
dô sprach er: „frouwe herzogîn,
sol ich hie landes hêrre sîn,
dar umbe lâz ich als vil.
nu hœret wes i' uch biten wil.
gevrâget nimmer wer ich sî:
sô mag ich iu belîben bî.
bin ich ziwerr vrâge erkorn,
sô habt ir minne an mir verlorn.
ob ir niht sît gewarnet des,
sô warnt mich got, er weiz wol wes."
si sazte wîbes sicherheit,
diu sît durch liebe wenken leit,

824, 23 bote hier = Werber. — 825, 1 ûz gezogen = ans Land gezogen. — 9 âderstôz stm. nur hier = Pulsschlag; dem Sinne nach: ohne mit der Wimper zu zucken.

si wolt ze sîme gebote stên,
unde nimmer übergên
swaz er si leisten hieze,
ob si got bî sinne lieze.
Die naht sîn lîp ir minne enpfant: 826
dô wart er fürste in Brâbant.
diu hôhzît rîlîche ergienc:
manc hêrr von sîner hende enpfienc
ir lêhen, die daz solten hân.
guot rihtær wart der selbe man:
er tet ouch dicke rîterschaft,
daz er den prîs behielt mit kraft.
si gewunnen samt schœniu kint.
vil liute in Brâbant noch sint,
die wol wizzen von in beiden,
ir enpfâhen, sîn dan scheiden,
daz in ir vrâge dan vertreip,
und wie lange er dâ beleip.
er schiet ouch ungerne dan:
nu brâht im aber sîn friunt der swan
eine kleine gefüege seitiez.
sîns kleinœtes er dâ liez
ein swert, ein horn, ein vingerlîn,
hin fuor Loherangrîn.
wel wir dem mære reht tuon,
sô was er Parzivâles suon.
der fuor wazzer unde wege,
unz wider in des grâles pflege.
durch waz verlôs daz guote wîp
werdes friunts minneclîchen lîp?
er widerriet ir vrâgen ê,
do er für si gienc vome sê.
hie solte Ereck nu sprechen:
der kund mit rede sich rechen.

826, 29 Erek, der Held eines Ritterepos Hartmanns von Aue, der eine Dame für ein ähnliches Vergehen strafte.

Ob von Troys meister Cristjân 827
disem mære hât unreht getân,
daz mac wol zürnen Kyôt,
der uns diu rehten mære enbôt.
endehaft giht der Provenzâl,
wie Herzeloyden kint den grâl
erwarp, als im daz gordent was,
dô in verworhte Anfortas.
von Provenz in tiuschiu lant
diu rehten mære uns sint gesant,
und dirre âventiur endes zil.
niht mêr dâ von nu sprechen wil
ich Wolfram von Eschenbach,
wan als dort der meister sprach.
sîniu kint, sîn hôch geslehte
hân ich iu benennet rehte,
Parzivâls, den ich hân brâht
dar sîn doch sælde hete erdâht.
swes leben sich sô verendet,
daz got niht wirt gepfendet
der sêle durch des lîbes schulde,
und der doch der werlde hulde
behalten kan mit werdekeit,
daz ist ein nützіu arbeit.
guotiu wîp, hânt die sin
deste werder ich bin,
op mir decheiniu guotes gan,
sît ich diz mær volsprochen hân.
ist daz durch ein wîp geschehn,
diu muoz mir süezer worte jehn.

827, 1 Chrestien von Troyes, der Verfasser des französischen Perceval (Li contes del graal).

Wörterverzeichnis.

ab *præp.*, *von*, *von — herab*
abe *adv.*, *ab*; sich abe tuon *mit gen.*, *sich entäußern*, *ablassen*; abe gebrechen, *Abbruch tun*; abe erzürnen, *durch Zorn abnötigen*
ab(e) = aber
aber *adv.*, *wiederum*, *dagegen*
adamas *stm.*, *Diamant*
æber *stn.*, *schneefreie Stelle*
æhtære *stm.*, *d. Geächtete; Verfolger*
agel(e)ster *swf.*, *Elster*
ahte *stf.*, *Nachdenken; Meinung*; *Art und Weise*; *Stand*
ahten *swv.*, *erwägen*; *(aus)denken*
achmardî *stn.*, *grünes Seidenzeug*, *ein daraus gefertigtes Kissen*
al *adv.*, *als Verstärkung zu adj. und ptcp. hinzugefügt, z. B.* al weinde *ganz in Tränen*
aldâ, *dort wo*
aldar, *ebendahin*
al ein, *vollständig eins*
al eine, *ganz allein*
allertegelich *adv.*, *jeden Tag*
allez *adv. acc.*, *unausgesetzt*
almeistec *adv.*, *allermeist*
alrêst *adv.*, *zuerst*, *zuallererst*; dô — alrêst, *sobald als*
als *s.* alsô
alsam *adv.*, *ebenso*
alsô, alsus, alse, als *adv. und conj.*, *so*, *ebenso*, *ebenso wie*, als hiute, *an einem Tage wie dem heutigen*; *als wenn*, *je nachdem*; alsô — sô, *so — wie*
alsolher = solher
alterstein *stm.*, *Altarstein*
alwære *adj.*, *albern*
alzehant *adv.*, *sogleich*
ambet *stn.*, *Amt*; schildes a. *Ritterschaft*, *Ritterwürde*, *ritterliche Taten*
amė = an dem(e)
âmîs *stm.*, *Freund* (*frz. ami*)
âmûrschaft *stf.*, *Liebschaft* (*frz.*)
an *swm.*, *Ahne*
an *præp. und adv.*, *an*, *in*
an nemen, *refl. mit acc.*, *sich an eignen*, *sich hingeben*
anders *adv. gen.*, *sonst*
anderstunt *adv.*, *zum zweiten Male*
anderthalben *adv.*, *auf der andern Seite*
anderwerbe (werbe *stf.*, *Drehung*), *zum zweiten Male*
âne *adj.*, *frei von*; âne werden, *verlustig gehn*; *præp.*, *ohne*
ange *adj.*, *mit sorgfältiger Mühe*;
angestlîch *adj.*, *sorgfältig*
Anschevîn, *ein von Anschouwe (Anjou) Gebürtiger*
antwurte *stn.*, *Antwort*, *Abwehr*
antwürten *swv.*, *überantworten*
arbeit *stf.*, *Mühe*, *Not*, *Leiden*, *Sorgfalt*
arbeitsælic *adj.*, *leidbeglückt*
arbeitsam *adj.*, *mühevoll*
art *stm*, *angeborne Eigentümlichkeit*, *Herkunft*
arzât *stm.*, *Arzt* (*lat. archiater*)
âventiure *stf.*, *Abenteuer*; *Drang nach Abenteuern*; *Erzählung*, *Quelle*

bâgen *stv. red. swv.*, *streiten*, *schelten*
balsemvaz *stn.*, *Balsamglas*
balt *adj.*, *kühn*, *beharrlich*; *bereit*
baneken *swv.*, *sich erlustigen* (*lat. banicare*, *von got. bandwa*, *Feldzeichen*)
banekîe *stf.*, *Erlustigung*
banier *stf. n.*, *Banner*, *Fahne*
banken *s.* baneken
barn *stm.*, *Futterkrippe*
barn *stn.*, *Kind*, *Sohn*
bâruc *stm.*, *der Kalif von Bagdad*

bêâ *voc. von* bêâs (*altfrz.*), *schön*
bedahte *præt. von bedecken*
bedâhte *præt. von* bedenken
bêde = beide, beidiu
bedenken *swv., refl. überlegen*; sich des willen b. *den Entschluß fassen*
bediuten *swv. refl., zu verstehn sein*
bedriezen *stv., verdrießen*
bedwingen = betwingen
begân, begên *stv., für etwas sorgen*
begreif *præt. von* begrîfen *stv., betasten, erfassen*
begrüenen *swv., auffrischen*
behalten *stv., halten, bewahren, ringen*
beidiu — unde, *sowohl — als auch*
bein *stn., Knochen*
beiten *swv., warten*
bejac *stm., Gewinn*
bejagen *swv., erjagen, sich erwerben*
bejehen *stv., bekennen*
bekêren *swv., hinwenden, anwenden*
beklîben *stv., Wurzel schlagen*
belîben *stv., bleiben, unterkommen*
benamen *adv., gewiß*
benant *ptcp. vom folg. Verbum*
benennen *swv., benennen, bestimmen*
berâten *stv., ausstatten*
bereite *præt. von* bereiten, *bereiten, bezahlen*
bern *stv., tragen, hervorbringen, gebären; geben*
Bertenoys = Britaneis, der Brite (Artus)
Bertun, *Brite*
bescheiden *stv., auseinandersetzen erklären; anweisen*
bescheidenlîchen *adv., in angemessener Weise*
besliezen *stv., zuschließen*
bespart *ptcp. von* besperren, *verschließen; versagen*
bestân, *stv., bleiben*
besunder *adv., im einzelnen*
beswæren *swv., bekümmern*
bete *stf., Bitte, Bittsteuer, Abgabe*
beträgen *swv., verdrießen*
betrouc *præt. von* betriegen
betterise *adj., bettlägrig* (*eigtl. in d. Bett gesunken*)
betwingen *stv. mit gen., wozu zwingen*
betwungenlich *adj., erzwungen, unfreiwillig*
beviln *swv., zuviel sein, verdrießen*
bewarn *swv., bewahren; refl. unterlassen*
bewegen *stv. refl., sich entschließen: sich entschlagen*
bewenden *swv. anwenden*
bewîsen *swv., an-, aufweisen*
bezaln *swv., bezahlen, sühnen, erringen*
bezîte *adv., zu rechter Zeit*
bibenen *swv., beben, zittern, wanken*
biderbe *adj., tüchtig*
bîhtevart, *Bußfahrt*
bilde *stn., Vorbild, Beispiel*
birsen *swv., mit dem Spürhund jagen, pürschen* (jagen, *von der Treibjagd*)
birt *s.* bern
bitten = biten *stv., bitten, mit gen. um etwas b.*
biuwen *swv., bauen, bewohnen; præt.* biute
blanc *adj., weiß*
blîalt *stm., golddurchwirkter Seidenstoff* (*frz. bliaut*)
blic *stm., Glanz*
bliuwen *swv., bleuen, schlagen; subst. Schlag*
bluome *swm., Blume, Wonne*
bluomen *swv., zur Blume* (*Wonne*) *werden*
bœse *adj., schlecht, wertlos*
bölzelîn *stn., kleiner Pfeil.*
bote *swm., Bote, Fürsprecher*
bôzen *swv., klopfen*
brackenseil *stn., Hundeseil, -leine*
bräckelîn *stn., kleiner Jagdhund*
bran *præt. von* brinnen, *brennen*
brast *præt. von* bresten *stv.*
breit *adj., breit, groß*
brechen *stv., brechen; quälen, verletzen*; sîn reht brechen, *seiner Pflicht nicht nachkommen*
bresten *stv., brechen, plötzlich hervordringen, entgehen*
brœde *adj., hinfällig*
brôt *stn., Brot*; ein b. *Verstärkung der Negation*
bruoch *stf., Hose, die nur den Oberschenkel deckt*
brûtlachen *stn., Brauttuch*
bû *stm., Feldbau, bebautes Feld, Wirtschaft*
bûhurdieren *swv., aus dem Frz., einen Buhurt reiten* (*wobei Schar auf Schar stößt*), *vgl. engl.* to hurt

bûliute *plur. von* bûman
bûman *stm., Bauer, Ackersmann, Ackersknecht*
buoz *stm., Ersatz*; b. tuon, *Ersatz leisten, Abhilfe schaffen, befreien*
bûwen *swv., das Feld bebauen*

dan, *von da weg*
danc *stm., Anerkennung*; sunder sînen d., *ohne seinen Willen*
dannoch *adv., jetzt noch*
dar, *dorthin, in bezug darauf*
dar abe, *davon*
darzuo, *daran*
de(c)hein, *irgendein, kein*
deich = daz ich
deist = daz ist
deiswâr = daz ist wâr, *wahrhaftig*
declachen *stn., Deckbett*
der *demonstr. rel., der, welcher, derjenige, welcher*
derbärme = erbärme *stf., Erbarmen*
derdurch = dâdurch
dermite = dâmite
dern = der ne
dernâch, *danach*
derst = der ist
dervor = dâvor; *Parz. 245, 11 vor dem Rande, die Mitte*
derzuo, *dazu*
des, *gen. des demonstr. pron. als adv. davon, dazu, im Vergleich zu dem. um soviel; daß, damit*
deweder, *einer von beiden*
dez = daz
dicke *adv., oft*
diemuot *stf., Herablassung*
dienes = dienest
dienst *stm., Dienst, Ergebenheit*
dier = die er
diet *stfn., Leute, Volk*
dingen *stv., verhandeln, verabreden*
dinne = dâ inne
diss = dieses
diuten *swv., deuten, erzählen*
diuzet *von* diezen *stv., laut tönen*
doch, *wenngleich*; *ohnehin*
dol *stf., Leiden, das Ertragen, das Übersichgewinnen*
doln *swv., erleiden, erdulden, an sich erfahren*
dornach *stn., Dorngebüch*
drab *adv.* = dar ab
draben *swv., traben*
dræhen *swv., riechen*
dræjen *swv., drechseln*
drâte *adv., schnell*; alsô dr. *alsbald*
drîn, *da hinein*
dringen *stv., drängen*
drîzecstunt, *dreißigmal*
drô *stf., Drohung*
dröun, dröwen *swv., drohen; auch subst.*
drüber, *darüber, daran*
dûhte *præt. von* dunken, *swv., dünken*
duo = dô
durch *præp., durch, wegen, um – willen, infolge, trotz;* durch daz. *damit*
durches = durch des
durchez = durch daz
durnehte *adj., vollkommen, untadelig*
dürftige *swm., Bettler*
dürkel *adj., durchbohrt, durchlöchert*
dus = du es
dûz = dû ez
duzen *swv., mit „du" anreden*
duzenlîche *adv., in der Weise des Duzens*
dweder = deweder

ê *adv., zuvor; conj. bevor*
einbærelîche *adv., einheitlich*
eine *adj., allein*
einic *adj., einzig*
eischen *stv., fordern, heischen*
êlich *adj., gesetzmäßig*
ellen *stn., Kraft, Mut*
elliu = alliu *sing. fem. und plur. neutr. von* al.
emzekeit *stf., andauernder Eifer*
en *s.* ne
enbern *stv., entbehren*
enbrazieren *swv. (Fremdwort franz. embrasser), umarmen*
ende *stn., Ende, Richtung*; des endes, *in der Richtung;* des endes dar. *dahin gewandt*
endehaft *adv., vollkommen, wahrheitsgemäß*
enein, *zusammen*; e. tragen, *vereinigen*; enein werden, *einen Entschluß fassen*
ener = jener
engein *adv., entgegen*
engelten *stv. entgelten, zu leiden haben*
engestlich *adj., ängstlich, besorgt: gefährlich*

enke *swm., Knecht beim Vieh und auf dem Acker*
enmitten *adv., in dem Augenblicke*
enpfân *stv., aufnehmen*
enpfie *præt. von* enpfân
enthalten *stv., zurück-, sich enthalten*
entnihten *swv., vernichten, beschimpfen*
entrîsen *stv., entfallen*
entriuwen *adv., traun, ja doch*
entsagen *swv., abtrünnig machen*
entseben *stv., schmecken*
entsetzen *swv., berauben*
entwesen *stv., entbehren*
enweder, *keiner von beiden*
enwec, *adv., hinweg*
enzît *adv., beizeiten*
epitafjum *stn., (lat.) Aufschrift*
êr *conj., bevor*
êrbære *adj., ehrenhaft, keusch*
erbarmekeit *stf., Mitleid Erregendes*
erbeizen *swv., vom Pferde steigen*
erbeit = erbeitet, *ptcp. von* erbeiten; *an Anstrengungen gewöhnt, abgehärtet*
erbevater *stm., Pflegevater, Adoptivvater*
erbieten *stv., Behandlung erweisen*
erbîten *stv., erwarten*
erbolgen *ptcp. von* erbelgen *stv., erzürnen*
erbûwen *starkes ptcp. zu* erbûwen *swv., bewohnen*
erdrôn, erdröuwen *swv.. drohen* ûz erdr. *durch Drohungen abnötigen*
ergân, ergên *stv., ergehn; erfüllt werden; zu hören sein*
ergie, *præt. von* ergân
ergetzen *swv., vergüten*
erhaben *ptcp. von* erheben, *refl. sich aufmachen*
erhancte *præt. von* erhengen, *verhängen*
erhœren *swv., hœren*
erjeten *stv., ausjäten, reinigen von (mit gen.)*
erkalte *præt. von* erkalten, *kalt werden*
erkam *præt. von* erkomen, *erschrekken*
erkennelich *adj., wohlbekannt*
erkennen *swv., kennen, refl. eine Überzeugung gewinnen*
erkiesen *stv., erschauen*
erküenen *swv., kühn machen*
erkunnen *swv., erforschen*
erlân *stv.* = erlâzen
erlâzen *stv., loslassen, einer Sache überheben*
erlemen *swv., lähmen*
erlœsen *swv., beseitigen*
erloufen *stv., durchlaufen*
ernern *swv., gesund machen*
ersiuften *swv., aufseufzen*
erscheinen *swv., an den Tag legen erweisen*
erstrecken *swv., ausdehnen*
erstrîchen *stv., durchstreifen*
erfliegen *stv., durchfliegen*
ervollen *swv., sich füllen*
erwahte *præt. von* erwecken
erwerben *stv., erlangen, möglich machen*
erwern = wern
et *adv., nur, doch nur*
etelîch, etslîch *adj., mancher*
etswâ, *manchmal*
etswenne, *bisweilen*

gabilôt *stn., kleiner Wurfspieß (franz.* javelot)
gadem *stn., Gemach*
gæbe *adj., angenehm*
gæhe *adj., übereilt*
gâhen *swv., eilen*
gâhes *adv., jäh, plötzlich*
gâch *adj.*; mir ist g., *ich habe Eile*
gâgen *swv., gak schreien* (von der Gans)
galle *swf., Galle (Symbol der Bitterkeit); bittere Beimischung*
gan *s.* gunde
gânde *ptcp. prs. von* gân
ganerbe = geanerbe *swm., Miterbe*
gänsterlîn *stn., Fünkchen*
ganz *adj., ganz; frei von Tadel; vollständig*
garzûn *stm., (Edel)knabe (frz. garçon)*
gast *stm., Gast, Fremdling*
gaz = geaz *præt. von* ge-ezzen = ezzen, *essen*
ge- *in Zusammensetzung mit Verben dient zur Verstärkung des Begriffs und zur Bezeichnung der Vollendung des Vorganges. Diese Verba sind zum Teil unter ihrem Simplex zu suchen*
geahten *swv., durch Erwägung zu einem Ziele gelangen*
gebâr *stm., Benehmen*

gebâre, *adj.*, *angemessen*
gebâren *swv.*, *sich benehmen*, *sich zeigen*
gebe *stf.*, *Gabe*, *Eingebung*
gebende *stn.*, *Band*, *Kopfschmuck*
geberc *stm.*, *Versteck*, *Vorbehalt*
gebouc *præt.* von gebiegen, *beugen*
gebresten *stv.*, (*præt.* gebrast), *mangeln*, *mit dat. der Person*, *Mangel leiden*
gebüezen *swv.*, *bessern*, *beseitigen*
gebûr *stm.*, *Nachbar*, *Bauer*
gedâht *s.* gedenken
gedagen *swv.*, *schweigen*
gedenken, der uns was gedâht, *die wir zu erlangen hofften*
gedienen *swv.*, *verdienen*; *vergelten*
gedinge *stn.* *und* *swm.*, *Hoffnung*
gedingen *swv.*, *hoffen*
gedolt *stf.*, *das Sichgefallenlassen*, *Erlaubnis*
gedultikeit *stf.*, *geduldiges Wesen*, *Geduld*
gegenstuol *stm.*, *Stuhl dem Hausherrn gegenüber*, *Ehrenplatz*
gegentjoste *stf.*, *Gegenstoß*
gegihte *stn.*, *Gicht*, *Krämpfe*
geheizen *stv.*, *versprechen*, *verheißen*
gehellesam *adj.*, *entsprechend*
gehenge *stf.*, *Erlaubnis*
gehêrret *ptc. adj.*, *mit einem Herrn versehen*
gehilze *stn.*, *Heft*, *Schwertgriff*
gehiure *adj.*, *lieblich*, *angenehm*
geil *adj.*, *fröhlich*
geln = gegen, *gegen*, *gegenüber*, *in bezug auf*, *mit*
geladen *ptcp.* von laden, *beladen*
geleiden *swv.*, *beklagen*
geleit *ptc.* = geleget
gelieben *swn. plur.*, *die Liebenden*
gelieben *swv.*, *angenehm machen*; *refl. sich bei jemand angenehm machen*
g(e)lich *adj.*, *gleich*, *gleichmäßig zuteilend*; deheiner sîn gelîch, *keiner seinesgleichen*
geliche *adv.*, *in gleicher Weise*, *zusammen*; diu (*instrumentalis*) g., *dem ähnlich*, *daher*
gelieben *swv.*, *gefallen*
gelten *stv.*, *vergelten*; *entgelten*, *für etwas büßen*
geluste *stm.*, *Verlangen*
gemach *stn.*, *Bequemlichkeit*, *Ruhe Ort der Ruhe*, *Zimmer*
gemâl *adj.*, *bemalt*
gemarcte *præt.* von gemerken, *beobachten*, *genau betrachten*
gemein *adj.*, *allgemein*, mit gemeinem munde, *aus aller Mund*
gemeine *stf.*, *Gemeinschaft*
gemeit *adj.*, *erfreut*
gemüete *stn.*, *Gemüt*, *Entschluß*
gemuot *adj.*, *mutig*
g(e)nâde *stf.*, *Freundlichkeit*, *Dank*
genâden *swv.*, *gnädig sein*, *danken*
genæme *adj.*, *wohlgefällig*
genesen *stv.*, *am Leben bleiben*, *zum Leben gebracht werden*
genieten *swv. refl. mit gen.*, *sich einer Sache bedienen*, *sich zu erfreuen haben*
geniezen *stv.*, *Nutzen haben*, *mit gen. Vorteil haben von jemand*
genisbære *adj.*, *heilbar*
genist *stf.*, *Heilung*
g(e)nislich *adj.*, *heilbar*
genc *imper.* zu gân
genôz *stm.*, *Genosse*, *ein Mann gleichwie*
genôzen *swv.*, *vergleichen*, *gleichstellen*
genuoc *adv.*, *genug*, *sehr*, *ganz*
ger *stf.*, *Begierde*, *Wunsch*
gerâten *stv.*, *wozu raten*, *antreiben*
gerbet = geerbet von erben, *ver erben*
gêret = geêret
gereit *adj.*, *bereit*
gereite *stn.*, *Reitzeug*, *Ausrüstung*
gerich *stm.*, *Rache*, *Strafe*
geringen *stv.*, *sich abmühen*
geriten *ptcp.*, *beritten*, *schnell*
geriute *stn.*, *urbar gemachtes Landstück*, *Meierei*
geri(u)wen *swv.*, *bereuen*
gern *swv.*, *begehren*; *mit dat. der Pers. und gen. der Sache*, *etwas für jem. begehren*
gerou *præt.* von geriuwen *stv.*, *in Betrübnis versetzen*
geruochen *swv.*, *geruhen*, *wollen*, *mögen*, *für gut befinden*
gerüste *stn.*, *Gerät*
geseit = gesaget
geselleclîche *adv.*, *zugesellt*
gesigen *swv.*, *siegen*; an g. *mit dat. überwältigen*
geschaffet *ptcp.*, *ausgestattet*
geschiht *stf.*, *Begebenheit*

geschickede *stf., Gestalt, schöne Gestalt*
geslaht *adj., angeboren*
gesmæhet *ptcp., verunziert*
gesprechen *stv., mit acc. der Pers., sich mit jem. besprechen*
gestellen *swv., festhalten, fangen*
gestifte *stfn., Stiftung; erste Aufzeichnung*
gestrîten *stv., verfechten, behaupten*
gesûmen *swv., säumen, warten lassen*
gesunt *stm., Gesundheit*
gesweigen *swv., zum Schweigen bringen*
geswîchen *stv., schwinden, entweichen*
geswîgen *stv., schweigen*
getar *s.* turren
getörste *s.* turren
getriuten *swv., liebhaben*
getriuwe *adj., wohlmeinend*
getrûwen *swv., mit gen. das Vertrauen hegen in bezug auf etwas*
getwagen *ptcp. von* twahen
gevallen *stv., zuteil werden*
gevallesam *adj. schicklich*
gevar *adj., gefärbt,*
gevart = gevärvet *ptcp., gefärbt, aussehend*
gevelle *stn., das Fallen*
gevolgen *swv., mit gen., nachgeben in etwas*
gefrumen *swv., befördern, gehn lassen*
gefuogen *swv., ins Werk setzen*
gefurriert *ptcp., gefüttert, aus dem Franz. vgl.* fourrure
gewære *adj., wahrhaft*
gewalt *stm., Gewalt, Unrecht*
gewant (*ptcp. von* wenden), *beschaffen*
gewenen *swv., gewöhnen*
gewenken *swv., wankelmütig sein*
gewern *swv., Gewähr leisten für, gewähren, leisten; bescheiden*
gewerp *stm., das Tun*
gewerren *stv., im Wege sein, Verdruß verursachen*
gewinnen *stv., verschaffen; erfahren*
geworht *ptcp. von* würken
gezwicken *swv., ziehen*
gihe *s.* jehen
gîrheit *stf., Begierde, Begehrlichkeit*
gîsert = geîsert *prtc. adj., mit Eisen* (= *Rüstung*) *bedeckt*
gît = *gibet*
glas *stn., Glas, Spiegel*
glast *stm., Glanz*
glesten *swv., glänzen*
gnâdelôs *adj., unglücklich*
gnislîch = genislîch
gouch *stm., Narr*
goume *stf., das Aufmerken*; g. nemen *prüfen*
grâ, grâwer *adj.* (*alters*)*grau*
grâl *stm., frz. graals, greals, mittelalt. gradalis od. gradale = stufenweise; das heil. Kleinod auf der Burg Munsalvæsche*
grazzach *stm., junge Zweige* (*von Nadelbäumen*)
grimme *adv., wild, heftig*
grîfen *stv., greifen*; zuo gr. *in Angriff nehmen, beginnen*
grüezenlîche *adv., grüßend*
gruft *stf., Gruft, Höhlung*
güete *stf., Herzensgüte*
güetlîch *adj., gut, liebreich*
güetlîchen *adv., gut*
gugel *stf., Kapuze*
gulten *præt. von* gelten
gunde *præt. von* gunnen, *gönnen*
gunêret = geunêret *ptcp. von* unêren *in Schande bringen*

habe *stf., Besitztum; Hafen*
haben *swv., haben, halten*
hæle *stf., Verhehlung;* mich nimt hæle eines dinges, *ich will geheimhalten*
hac *stm., Gebüsch, welches zur Einfriedigung dient*
halbe *swf., Hälfte, Seite*; von — halben, *wegen*
halde *swf., Abhang*
halt *in concess. Sätzen, auch*
halten *stv., behüten, erhalten*
hâmît *stn., Umzäunung*
hân *s.* haben
handeln *swv.*; ez h., *verfahren*
hant *stf., Hand, Art* (*in adverb. Ausdrücken* aller hande, welher hande. *u. a.*); ze sînen handen haben, *zur freien Verfügung haben*; vor der hôhsten. hant, *vor Gottes Angesicht*
hâr *stn., Haar; als Verstärkung zur Negation zugefügt*; niht ein hâr; hâres breit, *nur im geringsten*
hærîn *adj, von Haaren*
härmîn *adj., von Hermelin*
harnasch *stn., Harnisch* (*frz.*)

harte *adv., sehr, ganz und gar*
haz enpfâhen eines dinges, *etwas ungnädig aufnehmen*
heben *stv., erheben, beginnen*, sich h. *sich begeben*, ûf h., *vorhalten*
heil *stn., Glück*
heimlîch *adj., vertraut*
helede = helende *ptcp. zu* heln; *heimlich verborgen*
helle *stswf., Hölle*
hellen *swv., hallen*
helfe *stf., Hilfe*
hellehirte *stm., Höllenhirt, Teufel*
heln *stv., verhehlen*
her *stn., Volk, Menschen*
hêr *adj., stolz*
hern, *dat. von* hêrre
hersenier *stn., Kopfbedeckung unter dem Helm*
hêrschaft *stf., Herrschaft*
herte *stf., Härte, Zwang*
herte *adj., rauh, von grobem Stoffe*
herzegalle *swf., Bitternis im Herzen*
herzeliep *stn., Herzensfreude*
herzeriuwe *stf., Herzeleid*
herzesêr(e) *stn. stf., der innere Schmerz, Herzeleid*
hêrzeswære *stf., Herzeleid*
hetzen *swv., hetzen (v. Haß)*
hil *imper. von* heln
himelisch *adj., himmlisch*; h schar, *Schar der Seligen*
hin für, *hinaus, draußen*, hin ze, *zu, im Vergleich mit*
hinder im lâzen, *zurücklassen, aufgeben*
hînt *adv.; heute nacht*
hîrat *stmf., Heirat*
hirz *stm., Hirsch*
hiu *prœt. von* houwen *stv., hauen*
hiure *adv., dieses Jahr*
hiute *adv., heute*
hœnen *swv., entehren, herabsetzen*
hôher muot, *gehobene Stimmung, Selbstüberhebung*
hôchmuot *stm., gehobene Stimmung hohes Selbstgefühl, Wohlergehn*
hôchvart *stf., Stolz*
holt *adj., gewogen, freundlich*
houbetloch *stn., Halsöffnung*
hovespil *stn., Spiel, das für einen Ritter sich ziemt*
hulde *stf., Freundlichkeit, Wohlwollen, freundliche Erlaubnis*; hulde lân, *etwas freundlich aufnehmen*
huote *stf., Hut, Schutz*
hurteclîch *adj. mit* hurte (= *Stoß, Anprall) losrennend, schnell (vgl. frz.* heurter, *engl.* to hurt, *stoßen*
hurten *swv., stoßend anrennen, stoßen*
hût *stf., Haut*

ie *adv., jemals, immer, von jeher*; selten ie, *selten einmal, niemals*
iemen, *jemand*
iemer, *jemals, immer*; mînes lebens iemer, *zeit meines Lebens*; *in abh. Sätzen mit* daz *oft = niemals*, iemer mêre, *jemals wieder*
iemitten *adv., inzwischen*
ier *prœt. von* eren *stv., ackern, (Furchen) schneiden*
iesâ *adv., sofort*
iesch *prœt. von* eischen
ieslîcher, *ein jeder*
ie(t)wederthalben *mit gen., auf jeder von beiden Seiten*
iezuo *adv., jetzt, eben*
iht *etwas*; *irgend etwas (mit gen.)*; *in abhäng. Sätzen* = niht, *nicht, nicht etwa*
impfen *swv., impfen, pfropfen*
inder *adv., irgendwohin*
in(e) = ich ne
inne *adv.*; bringen inne, *merken lassen*, innen bringen, *überzeugen*
inzemen = zemen, *wohl anstehn*
iren = ir in
irn = ir in
irren *swv., irreführen, stören, hindern, im Wege sein*
irs = ir es
irzen *swv., mit „ihr" anreden, ihrzen*
îs *stn., Eis*
îser *stn., Eisen, eiserne Rüstung*
iuz = iu daz

jâ *adv., wahrlich*
jach, jâhen *s.* jehen
jâmerbære *adj., schmerzensreich*
jâr *stn., das Jahr*; ze jâre, *übers Jahr*
jehe *stf., Rede, Ausspruch*
jehen *stv., (prœs.* gihe, *prœt.* jach), *sagen*; einem eines dinges j., *von jem. etwas aussagen, ihm etwas zuschreiben*; ze schanden j., *zur Schande anrechnen*
Jôb, *Hiob*

joch, *auch*
jungest; ze jungest, *zuletzt*

kapfen *swv.*, *offenen Mundes schauen, gaffen*
kappe *swstf.*, *(Mantel mit) Kappe*
kastelân *stn.*, *kastilisches Pferd*
kefse = kafse *swstf.*, *Kapsel (Reliquienbehälter; lat. capsa)*
kelberîn *adj.*, *von einem Kalbe*
kemenâte *swf.*, *Zimmer*
kêre *stf.*, *Wendung, Gang*
kêren *swv.*, *kehren, wenden; sich wenden*; sîn gerich k., *seine Rache auslassen*; hin ze gote k., *zum Dienste Gottes verwenden*
kiel *stm.*, *Kiel, Schiff*
kiesen *stv.*, *wählen; schauen, ersehen*
kindisch *adj.*, *Kindern zusagend*
kiusche *stf.*, *Reinheit, Bescheidenheit*
kiusche *adj.*, *bescheiden, demütig*
klâ *stf.*, *Klaue*
klage *stf.*, *Klage, Gegenstand der Klage*
kleine *adj.*, *u. adv. fein, zierlich, klein, wenig*
kleinôt *stn.*, *Geschenk*
klôse *swf.*, *Klause, Einsiedelei*
knabe *swm.*, *Knabe, Jüngling*
knappe *swm.*, *Knabe*
kneht *stm.*, *Knabe, junger Krieger, streitbarer Mann, Held*
cordis speculator *lat.*, *Herzenskünder*
koste *stf.*, *Wert, Preis*
kouf *stm.*, *der Handel*
koufen *swv.*, *erwerben, verdienen*
kranc *adj.*, *schwach, gering*
kranc *stm.*, *Schwäche, Schwachheit*
kraft *stf.*, *Kraft, Reichtum; Menge*
krenken *swv.*, *vermindern, teilweise rauben*
krîe *stfm.*, *Schrei, Ruf (afrz. crie)*
krône *stf.*, *Krone, vollendetes Muster, Herrlichkeit*
kumber *stm.*, *Kummer, Mühsal*
kûme *adv.*, *nur mit Mühe, kaum*
künde *stf.*, *Kunde*
künne *stn.*, *Geschlecht, Herkommen*
kunnen *anom.*, *können, sich verstehen auf*
künsteclîche *adv.*, *mit Verständnis*
cumpanie *stf.*, *Gesellschaft (frz. compagnie)*
kund *adj.*, *bekannt, beschieden*
kuntlîche *adv.*, *deutlich*
kunft *stf.*, *Ankunft*
kuofe *swf.*, *Kufe, Badewanne*
kuont = kunt
kür *stf.*, *Wahl, Entscheidung; Beschaffenheit, Art und Weise*
kurn *præt.* *von* kiesen
curs *stm.*, *afrz. cors, Leib*
kurteis, kurtoys *adj.*, *höfisch, fein (franz.* courtois).
kurtosîe *stf.*, *höfischer Anstand*

lân = lâzen
lanc *adj.*, *lang*; über lanc, *nach einiger Zeit, nach einigem Sträuben*
lantliut *stm. pl.*, *Landsleute*
lântz = lânt ez
laster *stn.*, *Schmach, Kränkung, Schimpf*
lastern *swv.*, *die Ehre nehmen*
lanclîp *stm.*, *langes Leben*
læt *von* laden *stswv.*, *(auf)laden*
laz *adj.*, *träge; mit gen. frei von*
lâzen *stv.*, *(er)lassen, hinterlassen, einstellen*; l. an got, *Gott anheimstellen*; welt irz ane mich lân, *wollt ihr mir das Vertrauen schenken*
lazheit *stf.*, *Trägheit*
lazzen *swv. refl.*, *zögern*
lêch *præt.*, *von* lîhen *stv.*, *leihen*
ledec *adj.*, *frei, ledig*
lenen *swv.*, *lehnen*
legen *swv.*, *legen*; für legen, *auferlegen, anlegen, die Waffen anlegen*
leide *stf.*, *Betrübnis*
leiden *swv.*, *verleiden*
leis *stswf.*, *Geleise, Spur*
leisieren *swv.*, *mit verhängtem Zügel laufen lassen (frz.* laissier, *lat.* laxare)
leite = legete
leme *stf.*, *Lähmung*
lenden *swv.*, *aus Land, zu Ende bringen*
lenge *stf.*, *Länge*; die l. *adv. acc. lange Zeit hindurch*
lernunge *stf.*, *Studium*
lesterlich *adj.*, *schmachvoll*
letze *stf.*, *Hinderung, Beraubung*
letzen *swv.*, *schädigen, verletzen, benachteiligen*
liebe *stf.*, *Freude*
lieben *swv.*, *Liebe erweisen*
liegen *stv.*, *(be)lügen, vorlügen*
liep *stn.*, *Freude*
lîhte *adj.*, *gering*; *adv.*, *vielleicht*

linge *stf., Erfolg*
lînlachen *stn., Leintuch*
lîp *stm., Leben, Leib, Äußeres*; an den l., *bei ihrem Leben*
list *stm., Kunst, Mittel*
lit *stn., Glied*
lît = liget
lîte *swf., Bergabhang, Halde*
liuhten *swv., sich lichten*
liuterlîch *adv., lediglich*
lobebære *adj., lobenswert*
loch *stn., Gefängnis, schlimme Lage*
lôs *adj., frei, mutwillig, verschlagen* (*subst. Schalk*)
lôsheit *stf., Leichtfertigkeit*
lougen *swv., leugnen, widerreden*
luoder *stn., Lockspeise*
lût werden, *verlauten lassen*
lûter *adj., durchsichtig, klar*
lützel *adv., wenig*

mære *stn., Erzählung, Spruch, Kunde, Bericht; Ding*
mære *adj., herrlich, edel*
mages = mac es
magenkraft *stf., Kraftfülle, Macht*
magetuom *stn., Jungfräulichkeit*
mähelschaz *stm., Verlobungsgeschenk*
maht 2. *sing. præs. von* mugen — mahtu = maht du
mâc *stm., Verwandter*
mâl *stn., Merkmal*
mann = man in
mans = man es
mântac *stm., Montag*
marc *stn., Pferd, Klepper*
marhte *prœt. von* merken
marke *stf., ein halbes Pfund Gold oder Silber*
massenîe *stf., ritterliche Gesellschaft* (*lat.* mansionata)
maz *prœt. von* mezzen
mâze *stf., das Maßhalten; Art und Weise, Angemessenheit*; ze rehter m., *wie es sich gebührte, soweit es schicklich war*; die m. alse, *in derselben Weise wie*
meg(e)de *gen. u. dat. von* maget, *Mädchen*
meienbære *adj., mailich*
meinen *swv., verursachen*
meisterschaft *stf., Vollkommenheit, eigener Halt*
meit = maget *stf., Jungfrau, Mädchen*
meit *prœt. von* mîden, *verschonen*
menneschelt *stf., Menschwerdung*
mêrre *Kompar., mehr, größer*
merzî *afrz., Gnade*
messnîe = massenîe
mez *stn., Maß*
mezzen *stv., messen, vergleichen, zusammenstellen*
miete *stf., Lohn, Beschenkung*
michel *adj., groß; adv., sehr* (*vgl. engl.* much)
milte *stf., Freigebigkeit*
minnære *stm., der Liebende*
minneclîch *adj., liebenswert*
mirz = mir ez
miselsuht *stf., Aussatz*
mislîch *adj., verschieden*
misseseit *von* missesagen, *nicht die Wahrheit sagen*
missetuon *anom., einen Fehltritt begehn,*
missevarn *stv., sein Ziel verfehlen*
missewende *stf., das Abwenden vom Rechten; Tadel, Schande, Vorwurf*
mite *conj. prœt. von* mîden, *meiden*
mite varn *mit dat., gegen jemand handeln*
mohter = mohte er
môraz *stmn., Maulbeerwein* (*lat. moratum*)
mordære *stm., Mörder*
morne *adv., morgen*
mos *stn., Morast, Sumpf*
müede *stf., Müdigkeit — adj. müde*
müejen, müen *swv., bekümmern, lästig fallen*
müezeclîchen *adv., langsam*
müezen (*prœt.* muoste *und* muose), *müssen, mögen*
müezic *adj., müßig, abkömmlich*
mugen *anom.* (*prœt.* mohte) *können*
mûl *stmn., Maultier*
Munpasiliere, *Montpellier; seit 1180 Sitz einer medizinischen Schule*
muot *stm., Sinn, Herz, Gelüste, innerer Wert*; einen m. nemen, *einen Entschluß fassen*; mir ist eines dinges ze muote, *ich bin zu etwas entschlossen*
mürwe *adj., mürbe, zart*
mûze *stf., Mauser, Federwechsel der Vögel*
mûzerspärwære *stm., Sperber, der die Mauser durchgemacht hat*

nâ *adv.*, *nahe*
næhen *swv.*, *nahe bringen*
nâhe *adv.*, *nahe*, *tief*; nâhe tragen, *sich zu Herzen nehmen*; vil nâch, *beinahe*
nâch *præp.*, *nach*, *in Sehnsucht nach*, *gemäß*
nâchgebûr *stm.*, *Nachbar*
name *swm.*, *Name*, *Begriff*
nassnitec *adj.*, *mit geschlitzter Nase*
ne, en, *nicht*; *mit conj. in Nebensätzen, es sei denn, daß, wenn nicht, daß nicht, sondern daß*; *nach vorausgehendem* ê, *als daß nicht*; *es wird oft mit dem Verbum verbunden*
neigen *swv.*, *herabdrücken*; ein leben gar geneiget, *eine sehr gedrückte Lage*
neic *præt. von* nigen
neinâ, *verstärktes* nein
nemen *stv.*, sich an n., *sich vornehmen*, die rede von einem n., *einem beim Worte nehmen*
nern *swv.*, *bewahren*, *retten*
neweder, *keiner von beiden*
nien = nie den
ni(e)ender *adv.*, *keineswegs*; *nirgends*
niemen, *niemand*
niene, *nirgends*
niergen *adv.*, *nirgends*
niet = niht
nieten *swv.*, *refl. sich befleißigen*
niftel *swf.*, *Base*
nigen *stv.*, *sich verneigen*; ich hân genigen sîner hant, *ich habe mich bei ihm bedankt*
niht, *nichts* (*mit gen.*), *nicht*
nît *stm.*, *Haß*, *Zorn*
niulich = niuwelich *adv.*, *erst vor kurzem*
niuwan, *außer*, *nur*
niuwen *swv.*, *erneuern*, *neu erzählen*
niwan = niuwan
noch, *noch*; en(ne) — noch, *weder — noch*
nôt *stf.*, *Not*, *Kampfesnot*, mir ist nôt, *mich verlangt sehr*; durch alle n., *trotzdem*
nôtec *adj.*, *bedrängt*
nôthaft *adj.*, *bedrängt*
nôtnunft *stf.*, *gewaltsame Entführung*

obe, ob *præp.*, *auf*; *adv.*, *oberhalb*; obe stân, *übertreffen*
obe, ob, op *conj.*, *wenn*
ober = obe er
od(e) = oder
offen, offenen *swv.*, *öffnen*
ohteiz *interj.*, *hei*, *ach* (*altfrz.* ohteiz, *für* osteiz = ôtez, *nehmt weg*)
och = ouch, *auch*
orden *stm.*, *Stand*, *Regel*; *das, was zukommt*
ors, *stn.*, *Roß*
ort *stm.*, *Spitze*, *Rand*
ougestheiz *adj.*, *heiß wie im August*

pâgen = bâgen *swv.*, *schelten*
palc = balc *stm.*, *Scheide*
pan = ban *stfm.*, *Bahn*, *Weg*
pan = ban *stm.*, *der Bann*
pardîs = paradîs *stn.*, *Paradies*; *das höchste Glück*
parrieren *swv.*, *Verschiedenes nebeneinanderstellen, mit dem Gegenteil verbinden* (*altfrz.* parier)
part = bart
pat = bat, *præt. von* biten
paz = baz
pêde = beide
peizen *swv.*, *beizen* = *mit Falken jagen*
permint *stn.*, *Pergament*
pfâwin, pfæwin *adj.*, *mit Pfauenfedern geschmückt*
pfell(el) *stm.*, *feiner Seidenstoff, ein daraus gefertigtes Gewand* (*lat.* pallium)
pfeller *stm.*, *feines Seidenzeug*, *Teppich*
pfenden *swv.*, *pfänden*, *berauben*, *entziehen*
pflegen (phlegen) *stv.*, *pflegen*, *vornehmen*, *tun*; *sich annehmen*, *ehren*
pflihtære *stm.*, *Teilnehmer*, *wer teil hat*
pflihte *stf.*, *Teilnahme*
pflihten *swv.*, *sich beteiligen*
pflît = pfliget
pfluoc *stm.*, *Pflug*, *Gewerbe*, *Wirtschaft*
phat *stm.*, *Pfad*
pin = bin
pîn *stf.*, *Pein*, *Qual*
plâ, *gen.* plâwes *adj.*, *blau*
plân *stm.*, plâne *stf.*, *Aue*
pógrât *stn.*, *Podagra*
poinder *stm.*, *Ansturm*, *Vorstoß* (*frz.* poindre)

porte *swstf.*, *Pforte, Tür*
portenære *stm.*, *Pförtner*
poulûn *stswf.*, *Zelt (frz. pavillon)*
prîs *stm.*, *Preis, Ehre, ruhmvolle Tat*
prîsen *swv.*, *preisen, lobend von etwas reden*
prîss *gen. von* prîs
pristet *præs. zu* bresten *stv.*, *brechen*
prüeven *swv.*, *nachrechnen*
punieren *swv.*, *anrennen, stoßen (von lat.* pungere *stechen)*

quam = kam
queln *swv.*, *quälen*
quemen *stv.*, *kommen*; *geziemen, zukommen*

rab(b)îne(e) *stf.*, *das Rennen des Streitrosses* (*frz.* ravine)
ræte *plur. zu* rât
ragen *swv*, *stoßen*
râche *stf.*, *Strafe*
râm *stm.*, *staubiger Schmutz*
ramschoup *stm.*, *Strohbündel, Lager*
rât *stm.*, *Rat, Entschluß, Abhilfe, Vorrat*; voller r., *Fülle, Überfluß*; âne ir rât, *ohne ihr Zutun*; ze râte werden, *sich entschließen*
rê *stn.*, *Leichnam*; daz rê nemen *subst. inf.*, *Beraubung einer Leiche*
rechen *stv.*, *rächen, strafen, unfreundlich handeln*
rede *stf.*, *Rede, Gegenstand der Rede, Sache*
regen *swv.*, *in Bewegung setzen*
reht *stn.*, *Recht, Verpflichtung*; *gebührendes Benehmen*
rehte *adv.*, *recht, richtig*; *Kompar.* rehter, *genauer*
reichen *swv.*, *erreichen*
reis *præt. von* rîsen, *niederfallen*
reise *stf.*, *Reise*; strîtes r., *Kriegszug, Streifzug*
reizen *swv.*, *reizen, locken*; *unpers.* mich reizet dar zuo, *mich verlangt danach*
rêr *stf.*, *das Niederfallen*
ribbalîn *stn.*, *Schuh* (*altfrz.* revelîn)
rîch *adj.*, *mächtig, prächtig, glücklich, gehoben*; rîch gemach, *volle Bequemlichkeit*
rîcheit *stf.*, *Reichtum*
rîche *stn.*, *Reich, Obrigkeit*; *Reichsoberhaupt, König*
rîchen *swv.*, *reich machen*
rinke *stswf.*, *Schnalle*
ringe *adj.*, *gering, leicht*
ringen *swv.*, *leicht machen*
ringen *stv.*, *sich mühen, sich eifrig beschäftigen*
rîs *stmn.*, *Reis*
rîsen *stv.*, *niederfallen*
riuten *swv.*, *reuten, urbar machen*
riuwe *stf.*, *Betrübnis*; âne r., *unverdrossen, gerne*
riuwec *adj.*, *betrübt*
riuwen *swv.*, *schmerzen*
rivier *stm.*, *Bach* (*frz.* rivière)
rois (*frz. rois*) *König*
rone *swm.*, *gestürzter Baumstamm*
rouben *swv.*, *mit gen. der Sache, einen eines Dinges berauben*
roubes *gen.* von roup *adverbiell, auf räuberische Weise*
rouch *stm.*, *Rauch, Symbol für Nichtiges*
rüeren *swv.*, *antreiben*
rucke *stm.*, *Rücken*
rûch *adj.*, *rauh, haarig*
rûmdes *2. pers. sing. præt. von* rûmen, *räumen, fortgehn*
rûmen *swv.*, *räumen, verlassen*
ruochen *swv.*, *beachten, sich bekümmern, zulassen, geruhen*
ruom *stm.*, *Ruhm, Prahlerei*

sâ, *alsbald, sogleich*
sâ zestunt, *verstärktes* sâ
sæhe *2. pers. sing. præt. von* sehen
sælde *stf.*, *Glück*
sage *stf.*, *Hörensagen, Bericht*
sagen *swv.*, *sagen, aussprechen*; *verursachen*
sache *stf.*, *Sache, Art*; von sô gewanten sachen, *von solcher Art, von* brœden s., *hinfälliger Art, vergänglich*
sactuoch *stn.*, *Tuch, woraus man Säcke macht*
sal *adj.*, *trübe*
sal = sol, *ich will*
salter *stm.*, *Psalter*
salûieren *swv.* (*Fremdwort, afrz.* saluer), *grüßen*
sam, *gleichwie*
sambelieren *swv.*, *dem Rosse die Schenkel geben* (*vgl. frz.* jambe)
samenen *swv.*, *sammeln*
samît *stm.*, *Sammet*
sân *adv.*, *sofort*

schal *stm., Jubel, fröhliches Treiben, laute Fröhlichkeit*
schamen *swv., refl. Scham empfinden; ptcp.* schamende, *Scham verursachend*
schanze *stf.* (*frz.* chance), *Wechselfall, Gegensatz, Aussicht auf Erfolg*
scharpf *adj., scharf*
schaft *stm., Lanze*
scheiden *stv., scheiden, entscheiden, beenden*
schemelich *adj., beschämend, schimpflich*
schenescalt *stm.,* = seneschalt (*frz. sénéchal*) *hoher Hofbeamter = der älteste Diener* (*got.* sinista = *lat.* senex + skalks)
scher = cher (*frz.*), *lieb*
schermen *swv., schirmen, schützen*
schiech *adj., scheu, verzagt*
schielt *præt. von* schalten, *stv., fortschieben, rudern*
schiere *adv., bald*
schierste *superl.,* sô schierste, *so schnell als*
schicken *swv., wohl anstehn*
schimpf *stm., Scherz, ritterliches Spiel*
schîn *adj. offenbar*
schîn tuon, *deutlich zeigen*
schînen *stv., offenbar werden*
schiuhen *swv., scheuen, meiden*
schône *adv., schön*
schouwe *stf., Blick;* — nemen, *einen Blick tun*
schranz *stm., Bruch,* âne s., *unverbrüchlich*
schrînde *ptcp., zu* schrîen, *schreien*
schrîte *sw. præt. zum stv.* schrîen *schreien*
schrunde *swf., Spalte, Öffnung*
schulde *stf., Ursache;* von schulden, *mit Recht;* durch — sch., *wegen*
schult ir = sult ir
schumpfentiure *stf., Niederlage* (*altfrz.* desconfiture; *angelehnt an* schimpf)
schûften *swv., galoppieren*
schupfen *swv., stoßen, treiben, hetzen*
schûr *stswm., Schauer, Hagel, Verderben*
schuz *stm., Schuß*
sehe *stf., das Sehen, der Blick*
sehen *stv., sehen;* niemer ze sehenne, *auf Nimmerwiedersehen*
sehent *2. plur.* = sehet
seigen *swv., senken*
seic *præt. zu* sîgen
seit(e) = saget(e)
seitiez *stn., Nachen* (*afrz. saitie*)
selh = solh
selten *adv., selten, wenig*
seltsæne *adj., wunderbar*
senen *swv., refl. sich grämen*
senlîch(e) *adj. adv., freudlos, schmerzlich, betrübt*
senken *swv., versinken, herabstürzen*
senften *swv., mäßigen, mildern*
sider *adv., später, seitdem*
siechtuom *stm., Siechtum, Krankheit*
sigelîchen *adv., siegend, siegreich*
sîgen *stv., sich neigen, sinken, hinfallen*
sîhte *adj., seicht*
sich *imper. von* sehen, *sieh! du da!*
sicherheit *stf., Zusicherung, Ergebung*
sin *stm., Sinn, Handlungsweise; plur.* sinne, *Verstand;* den sin haben, *so gesinnt sein*
sin = si in
sine = si ne
sinewel *adj., rund*
sint = sît, *seit, da; seitdem, späterhin; auch* = seid
site *stm., Sitte, Gewohnheit; Art und Weise; Gebrauch; Anstand*
siufzebære *adj., seufzerbringend*
siufzec *adj., seufzend, voll Seufzen*
siure *stf., Bitterkeit, Unfreundlichkeit*
sîz = si ez
slâ *stf., Schlag, Spur*
slagebrükke *swf., Zugbrücke*
slahte *stf., Art*
slavenîe *stf., Wolldecke, Mantel;* sl. hûs = *wollenes Zelt*
sleht *adj., gerade, ungebeugt*
slîchære *stm., Schleicher*
slîfen *stv., gleiten, dahinfahren*
sloufen *swv., kleiden*
slôz *stn., Schloß*
slüzzel *stm., Schlüssel;* minnen sl. = *der Minne weckt*
smâcheit *stf., Verachtung*
smârât *stm., (Spange von) Smaragd*
snê, *gen.* snêwes *stm., Schnee*
sneit *præt. von* snîden, *schneiden*
snel *adj., frisch, eifrig*

snelheit *stf.*, *körperliche Gewandtheit*
snuor *stf.*, *(Zelt)schnur*
sô *adv.*, *so*; *wie, als*; *conj. dagegen*; *wenn, wann, sobald*
sölher = solcher
soln *anom.*, *sollen, werden*
soum *stm.*, *Last*
soz = so ez
spæhe *stf.*, *Klugheit, Kunst*
spâhe *adv.*, *zierlich, seltsam, sonderbar*
spân *stm.*, *Span; Verwandtschaftsgrad*
spanen *stv.*, *spannen, heften*
sparn *swv.*, *schonend behandeln, aufsparen, aufschieben*
spehe *stf.*, *Blick*
spehen *swv.*, *ausspähen, ausforschen, beurteilen, ein Urteil fassen*
spiegelglas *stn.*, *Spiegel, strahlendes Bild*
spielt *prt. v.* spalten *str.*, *spalten, trennen*
spil *stn.*, *Scherz*
spor *stn.*, *Spur*
sprechen *stv.*, *sprechen*; ez spricht, *es heißt*
stade *swm.*, *Gestade, Ufer*
stæte *swf.*, *Dauer*
stæte *adj. und adv.*, *dauernd, fest, beständig*
stæteclîchen *adv.*, *stets, fortwährend*
stahel *stm.*, *Stahl*
stân, ze gebote *Gehorsam leisten*; stân an, *abhängen von, beruhen auf*
stânt *imper. von* stân
stap *stm.*, *Stütze*
starke *adv.*, *sehr*
stat *stf.* (*gen. u. dat.* stete), *Stelle*
state *stf.*, *Gelegenheit*; ze staten komen, *Hilfe gewähren*
stege *swf.*, *Haustreppe*
stegereif *stm.*, *Steigbügel*
steigen *swv.*, *steigern, erhöhen*
stiure *stf.*, *Steuer, Führung*
stôrte *prœt. von* stœren
strenge *stf.*, *Herbheit, Qual*
strenge *adj.*, *groß, unfreundlich*
strîchen *stv.*, *Streiche geben*; str. lâzen, *in Bewegung setzen, absol. sich in Bewegung setzen, losgehen*
stricken *swv.*, *verstricken, fesseln*
strît *stm.*, *Streit*; den st. lân, *nachgeben, sich nicht einlassen*
strûch *stm.*, *das Straucheln*
stûde *stf.*, *Staude*
stunt *stf.*, *Zeitpunkt, Zeit, — mal*
süeze *adj.*, *süß, freundlich; stf. Süßigkeit, Lust*
sûft *stm.*, *Seufzer*
suht *stf.*, *Krankheit*
sündebære *adj.*, *sündhaft*
sünden *swv. refl.*, *sich versündigen*
sunder *prœp.*, *ohne, mit Ausnahme von; adv. besonders*
sundertrût *stm.*, *besonderer Liebling*
suon = sun *Sohn*
suone *stf.*, *Sühne, Versöhnung*
suoze *stf.*, *Süßigkeit*
sûr *adj.*, *sauer, verderblich*
surzengel *stm. Obergurt* (*frz. sursangle*)
surziere, *frz.* sorcière, *Zauberin*
sus, *so*
swâ, *wo auch immer, da wo*
swâ mite sô, *womit nur immer*
swære *stf.*, *Bekümmernis, Leid Kummer*
swære *adj.*, *schwer, unangenehm*
swache *adv.*, *ärmlich, dürftig*
swande *prœt. von* swenden, *vertilgen*
swanc *stm.*, *das Schwingen*
swar, *wohin auch immer, wozu auch immer*
swarte *swf.*, *Kopfhaut*
sweben *swv.*, *schweben*
swenden *swv.*, *schwinden machen, vertilgen, vernichten*
swenkel *stm.*, *Riemen (der Peitsche)*
swenne, *sooft als, jedesmal wenn*
swer; swaz, *wer immer; alles was*
swie, *wie auch immer, wie sehr auch, wenn auch*
swie wol, *obgleich*
swinde *adj.*, *stark, grimmig*
swingen *stv.*, *(sich) schwingen, fliegen*

tâlanc *adv.*, *während der Dauer dieses Tages, heute*
tar *s.* turren
tasten *swv.*, *tasten, fühlen*
tavelrunder *stf.*, *die Tafelrunde des Königs Artus*
teil *stm.*, *Teil, Anteil, Bestimmung*; ze teile werden, *anheimfallen*
tete *prœt. von* tuon
tiure *adj.*, *teuer, nicht zu finden*, t. sîn, *fehlen*
tiure *adv.*, *teuer*; vil t., *hoch und teuer*

tiuschen, *auf deutsch*
tiuten *swv.*, *deuten, anzeigen, meinen*
tiuvel *stm.*, *Teufel* (*lat.* diabolus)
tiwern *swv.*, *wert machen*
tjostieren *swv.*, *ein Lanzenstechen* tjost (*afrz.* jouste *von lat.* iuxta) *kämpfen*
tœrsch *adj.*, *töricht*
tolde *swf.*, *Wipfel*
töhte *s.* tugen
topelspil *stn.*, *Würfel-, Glücksspiel*
törperheit *stf.*. *bäurisches Wesen, Gemeinheit*
törste *s.* turren
tôt *stm.*, *Tod, Todesgefahr*
tote *swm.*, *Pate*
tou *stn.*, *Tau*
touc *s.* tugen
tougen *stn.*, *Heimlichkeit, Wunder*
tougen *adj.*. alsô t., *ganz im Verborgenen*
tougen(liche) *adv.*, *heimlich*
touwec *adj.*, *tauig, betaut*
tragen *stv.*, an tragen, *mit acc.*, *entgegenbringen*
trâcliche *adv.*, *langsam*; tr. wîs, *der erst allmählich zur Erfahrung kam*
trehene *stm. pl.*, *Tränen*
treist = tregest *von* tragen
trehtîn *stm.*, *Herr* (*Gott*)
triure *stf.*. *Trauer*
triuwe *stf.*, *Treue, Zuverlässigkeit, Gefühl treuer Hingebung, Mitgefühl*; *besonders im plur. Hingebung, Selbstverleugnung, Dienstwilligkeit*
trouc *præt. zu* trigen, *trügen*
trunzûn *stmn.*, (*Speer*)*splitter* (*afrz. tronce*)
trût *adj.*, *lieb, traut*; *subst. Liebling*
trûtgemahele *stf.*, *liebe Braut*
trûwen *swv.*, *sich getrauen*
tugen *anom.* (*præs.* touc), *præt.* tohte *angemessen sein*
tugent *stf.*, *Tugend*; *gute Sitte*
tugentlîche *adv.*, *mit edelem Anstande*
tump *adj.*, *töricht, einfältig*
tunkel *adj.*, *undurchsichtig*
turn *stm.*, *Turm*
turnieren *swv.*, *wenden*
turren *anom.*, *præs.* tar, *præt.* torste, *wagen, dürfen*
twahen *stv.*, *waschen*; abe t., *fortspülen*
twâl *stf.* *Verzug*; sunder t., *ohne* [*Verzug*
tweln *swv.*, (getweln), *verweilen*
twinc *stm.*, *Bezwinger*
twingen *stv.*, *zwingen*
twuoc *præt. von* twahen

über *præp.*, *über, auf*; über rücke *auf d. Rücken*; *adv.* mir wirt über, *ich habe Überfluß*
überdenken *swv.*, *darüber hinausdenken, vergessen*
übergên *stv.*, *übertreten*
übergenôz *stm.*, *einer, der über seine Genossen hervorragt*
überkrüphe *stf.*, *Überfüllung des Kropfes, Übersättigung*
übermezzen *stv.*, *darüber hinwegsehen*
überrîten *stv.*, *über etwas hinreiten*
übertragen *stv.*, *überheben*; *schützen*
überwal *stm.*, *das Überfluten*
umbe *præp.*, *in betreff*
umbevanc *stm.*, *Umarmung*
umprîs = unprîs *stm.*, *Schande*
unbeschrît *prtc. adj.*, *nicht angeschrien*
und, *bisweilen am Anfang von Bedingungssätzen* = *wenn*
underscheiden *stv.* *über den Unterschied belehren*
undersnîden *stv.*, *untermischen*
understân *stv.*, *verhindern, ein Ende machen*
underswingen *stv.*, *beeinträchtigen*
undervâhen *stv.*, *dazwischengreifen, benehmen*
underwinden *stv.*, *refl.*, *sich unterziehen, sich jemandes annehmen*
underziehen *stv.*, *Schuld beimessen*
unêre *stf.* (*auch im plur.*). *Schande*
unerlôst *ptcp.*, *unerlöst, einer, der nie frei wird*
ungeburt *stf.*, *unedle Abstammung*
ungehabe *stf.*, *übles Gebaren, Klage*
ungehiure *adj.*, *schrecklich*
ungemach *stv.*, *Unbequemlichkeit, Leid*
ungenæme *adj.*, *unangenehm*
ungenande *stf.*, *Krankheit, deren Name man sich auszusprechen scheut, unheilbare Krankheit*
ungenuht *stf.*, *Ungenügsamkeit*
ungersch *adj.*, *ungarisch*
ungesamnet *ptcp. adj.*, *nicht vollzählig*
ungescheiden *ptcp.*, *unentschieden*

ungesunt *stm.*, *das Unwohlsein, Krankheit*
ungetretet *prtc. adj.*, *nicht niedergetreten*
ungeverte *stn.*, *ungangbarer Weg; Reisebeschwerde*
ungefüege *adj.*, *groß*
ungewert *adj. ptcp.*, *nicht gewährt, der einem nichts anhaben kann*
ungewin *stm.*, *Schaden*
unlanges *adv.*, *in kurzem*
unmære *adj.*, *unangenehm, verhaßt, unlieb, unwert*; u. hân, *geringachten*
unminnen *swv.*, *lieblos mit einem verfahren*
unmüezekeit *stf.*, *Geschäftigkeit*
unmuoze *stf.*, *Geschäftigkeit*
unnâch *adv.*, *bei weitem nicht*
unrekant *adj.*, *unbekannt*
unrewert *adj. ptcp.*, *unverwehrt, unbenommen*
unruoch *stm.*, *Vernachlässigung*
unsich *acc. plur.*, *von* ich
unstæte *stf.*, *Untreue*
untrœsten *swv.*, *entmutigen*
untrôst *stm.*, *trostloser Bescheid*
unverstoln *adj.*, *nicht verheimlicht*
unversunnen *adj. ptcp.*, *ohne Besinnung*
unfuoge *stf.*, *Roheit*
unwandelbære *adj.*, *untadelhaft, ohne Fehl*
unwert *stn.*, *Geringschätzung*
unz (an) *præp.*, *bis auf, mit Ausnahme von*
unzerworht *ptcp.*, *unzerlegt*
uover *stn.*, *Ufer*
uppic *adj.*, *eitel, vergänglich*
urbor *stfn.*, *Zinsgut*
urbot *stn.*, *Erbieten, Anerbieten*
urhap *stn.*, *Anfang, Ursache*
urliuge *stn.*, *Krieg*
urloup *stm.*, *Erlaubnis*
ursprinc *stm.*, *das Hervorspringen;* wazzer des herzen u., *Wasser, das aus dem Herzen quoll*
ûf *præp.*, *auf, zu*
ûffe *adv.*, *auf*
ûzer = ûz der

vaht *præt. von* vehten
vaile *swf.*, *Mantel* (*frz.* voile *lat.* velum)
val *adj.*, *fahl, gelb*
valkenære *stm.*, *Falkner, Diener bei der Falkenjagd*
valsch *stm.*, *Falschheit, Treulosigkeit*
valsche *stf.*, *Untreue*
vâr *stf.*, *Hinterlist;* ze vâr stân *mit H. verbunden sein*
var *adj.*, *farbig, gefärbt; gestaltet, aussehend nach*
var *stf.*, *Fahrt*
varm *stm.*, *Farnkraut*
varn *stv.*, *sich bewegen, seinen Weg nehmen, sich befinden;* durch — varn, *durchdringen*
varndez guot, *bewegliche Habe*
vart *stf.*, *Fahrt, Weg;* ûf die vart bringen, *es so weit bringen*
varwe *stf.*, *Farbe*
vasân *stm.*, *Fasan*
vaste *stf.*, *das Fasten*
vaste *adv.*, *fest; ganz und gar*
vaterhalp *adv.*, *väterlicherseits*
vaz *stn.*, *Gefäß*
vêch *adj.*, *bunt*
veder(e) *stf.*, *Feder, flaumiges Pelzwerk*
vederangel *stm.*, *Angel zum Fischfang*
vêhen *swv.*, *verfolgen, grollen*
veige *adj.*, *dem Tode verfallen, verwünscht*
veilen *swv.*, *käuflich geben, zur Wahl anheimstellen*
vel *stn.*, *Haut*
vellen *swv.*, *zu Falle bringen*
velschen *swv.*, *treulos machen*
venje *stf.*, *Kniefall zum Beten;* v. suochen, *einen Kniefall tun*
venster *stn.*, *Fenster, Loch*
verbern *stv.*, *unterlassen, verlassen; sich entziehen; verschonen*
verdenken *swv. refl.*, *sich in Gedanken verlieren*
verenden *swv.*, *enden*
vergên sich *stv.*, *fehlgehn*
verjehen *stv.*, *bekennen, kundtun, aussagen, zugestehn, schildern, versprechen*
verkêren *swv.*, *verwandeln*
verkiesen *stv.*, *verzichten, aufgeben; verzeihen*
verkrenken *swv.*, *vernichten*
verlân *stv.*, *aufgeben*
verliesen *stv.*, *verlieren, vergeblich tun; verderben*

verligen *stv. refl., zu lange liegen, in Trägheit versinken*
vermîden *stv., vermeiden; pass. unterbleiben*
verphenden *swv., Pfand geben, büßen*
verre *adv., fern;* alsô verre *recht angelegentlich;* si gedâhten alsô verre, *sie vertiefen sich in dieser Weise in Gedanken;* v. baz, *viel besser, viel mehr;* harte v., *gar sehr*
versehen *stv.,* sich v., *erwarten;* sich des wol versehen, *fest glauben, sich wohl überlegen*
verseln *swv., verkaufen*
versinnen *stv., sinnen auf, erwarten*
versitzen *stv., durch zu langes Sitzen versäumen*
versinnen *stv. refl., sich entsinnen, zu Verstande kommen*
verschaffen *adj., verunglückt, armselig*
verschemen *swv., refl. sich aufhören zu schämen;* verschamt, *schamlos*
verschulden *swv., vergelten*
verslagen *stv., durch Schlagen hinbringen*
versmæhelich *adj., schimpflich, schmachvoll*
versnîden *stv., vernichten, verletzen*
versnîen *swv., verschneien*
versprechen *stv., ausschlagen, verzichten, gegen etw. sprechen*
verstân *stv. refl., wahrnehmen, einsehen, sich verstehn auf*
versuochen *swv., prüfen*
verswîgen *stv., verschweigen, ganz absehen von*
verswingen *stv., seine Schwungkraft verlieren*
vertân *prtc. subst. von* vertuon, *der sich vertan hat, Missetäter, Verdammter*
vertoben *swv., von Sinnen kommen; sich zum Zorn hinreißen lassen; durch Toben (Rasen) verderben*
vertragen *stv., ruhig hinnehmen, sich ergeben*
vertriuwen *swv., versprechen*
vervâhen *stv., erreichen, ausrichten;* sich v. *sich verpflichten, übernehmen*
verwâzen *stv., verwünschen*
verwegen *stv. refl., sich entschließen*
verworhte *præt. von* verwürken, *einen um etwas bringen, verscherzen*
verzagen *swv., mutlos, müde werden, ablassen,* dran v., *verzweifeln*
verzîhen *stv. refl., verzichten*
veste *stf., Festigkeit, Beständigkeit*
vezzelîn *stn. demin. zu* vaz
fîa, fîe *interj., pfui*
viel wir = vielen wir; *von* vallen, *niedersinken*
fier *adj., stattlich, schmuck; mächtig* (*frz.* fier, *lat.* ferus)
finden *stv.,* ez an einem f., *bei jemand einen Zweck erreichen*
vingerlîn *stn., Ring*
vinster *stf., Finsternis*
viur, fiwer *stn., Feuer*
fîz (*frz.*) = fils, *der Sohn*
flans *stm., Mund, Maul*
vlîzen *stv., sich befleißigen*
flôrî *stf., Blume, Blüte*
vloren = verloren
vlôz *stm., Fluß, Strom*
fluht *stf., Flucht, Zuflucht*
flühtesal *stf., Flüchtling, Sicherung*
flust = verlust *stf., Verlust, Verdammnis*
foitenant *frz., die Treue haltend, treu*
volge *stf., Beistimmung*
volgesagen *swv., vollständig sagen*
vollebringen *stv., an das Ende des Weges bringen*
vollelîche(n) *adv., vollständig*
volleist *stm., Beistand,*
vollen *adv., vollkommen*
volsprechen *stv., vollenden*
vome = von dem(e)
von *præp., von, aus, durch; infolge von;* von gote, *in Gottes Auftrage*
vor *præp., vor, für, über, gegen; adv. davor*
vorem(e) = vor deme
fôrest *stn., Forst, Wald; Ritterspiel im Walde*
vorhte *stf., Furcht*
vorhte *præt., zu* vürhten
vorhtlîch *adj., schrecklich,*
franzoise *adj., französisch*
vrävel *adj., kühn*
vrävele *stf., Kühnheit, Mut*
vrävellîche *adj., frech, unbescheiden*
frebel = vrävel
freche *adv., kühn*
freise *swf., Schrecken, Schreckliches*
freischen *stv., erfahren*
fremde *adj., seltsam*
vriesen *stv., frieren*

frist *stf., Zeit, Dauer*
fristen *swv., erhalten*
fröuwen *swv., froh machen*
fröuwîn *adj., zur Frau gehörig, aus Frauen bestehend*
frum *adj., gut , brav*
frum wesen, *förderlich sein*
frumen *swv., nützen; befördern, schicken*
fruo *adj., frühe;* fr. wesen, *früh auf sein, früh aufbrechen*
füegen *swv., zufügen;* leit füegen, *etwas Verhaßtes tun*
fündd *pl. von* funt *stm.. Fund, Erfindung, Dichtung*
fuoge *stf., Schicklichkeit*
fuore *stf., Lebensweise*
für *præp., für, vor, vorüber an, über, mehr als;* für dise stunt, *von nun an*
für *adv., vor;* für bringen, *zuwege bringen*
fürbaz, *weiter, mehr*
fürn = für den
vürnames *adv., durchaus*
furch *stf., Furche*
furt *stm., Furt*

wâ, *wo?*
wæge *adj., vorteilhaft*
wætlich *adv., vermutlich*
wætliche *stf., Schönheit*
wâc *stm., Woge, Wasser, Flut*
wæhe *adj., glänzend, kostbar*
walap *stm., Galopp (nrdfr. walop, frz. galop)*
Wâleis = *Valois,* Wâleise, *Bewohner von W.*
wan *adj., leer*
wan *adv., außer; warum nicht, o daß doch;* wan daz, *außer daß, wenn nicht, nur; Conj.* = wande, wand, *weil, denn*
wân *stm., Vermutung, Glaube, Hoffnung, Wahn*
wânde *præt. von* wænen
wandel *stm., Wandel, Buße*
wandeln *swv., Ersatz bieten, büßen*
wann(en) *adv., woher*
wâpen = wâfen
war, *wohin;* anders war, *anders wohin*
wâr haben, *rechthaben*
warnen *swv., mahnen*
warte *præt. von* warten, *gewärtig sein*
warten *swv., schauen, spähen;* w. *anrechnen auf jemand*
waste *stf., Wüste*
wât *stf., Kleid, Gewand*
waz op, *wie wäre es wenn, vielleicht daß*
weder — oder, *ob — oder*
wegen *stv., schwingen, bringen*
weideganc *stm., Jagdgang*
weideman *stm., Jäger, Fischer*
weise *adj., verwaist*
wec *stm., Weg;* alle wege, *überall, immer*
wegen *stv., wägen, schätzen;* unhôhe w., *gering achten*
weln *swv., wählen*
weln, *wollen, werden*
wendec *adj., rückgängig*
wenden *swv., wenden, abwenden, hindern*
wênc = wênic
wende *swf., Wende, Ende, Seite*
wenken *swv., wanken, weichen*
wer *stf., Befestigung, Widerstandskraft*
wer *swm., der Gewähr leistet, Bürge*
werben *stv., sich bemühen, erwerben, tätig sein, bitten*
werdekeit *stf., Herrlichkeit*
werlich *adj., streitbar*
werlt *stf., die Welt;* der werlde riuwe *das größte Leid*
werlttôre *swm., Tor dieser Welt*
werltzage *swm., Erzfeigling*
wern *swv., fernhalten, wehren (mit gen., gegen etwas); gewähren; währen, am Leben bleiben*
werren *stv., verwirren, schaden, verdrießen, bekümmern*
wert *stn., hohes Ansehn, Glück, Glanz*
werfen *stv., werfen, wenden*
wes *(gen. des Fragepron.) adv., warum*
wesen = sîn, *anom., sein, um etwas stehn*
wesen *stn., Aufenthalt*
wesse *u.* weste *præt. zu* wizzen
wider *adv., rückwärts*
widergân *stv., entgegenkommen*
widersagen *stn., Widerspruch, Fehdeansage*
widersaz *stm., Gegensatz; Ausflucht*

widerstân *stv., zuwider sein*
widerruoft *stm., Gegenruf*
widerwegen *stv.. wieder aufwiegen, vergelten*
widerzæme *adj., zuwider*
wiel *præt. von* wallen, *aufwallen, überfließen*
wielten *præt. von* walten *stv., pflegen, besitzen*
wiest = wie ist
wîgant *stm., Held*
wîc *stmn., Kampf*
wilde *adj., fremd, seltsam*
wilde *stf., Wildnis, Einsamkeit*
wîle *stf., Zeit, Stunde;* die wîle, *so lange*
wille *swm., Wille, Dienstwilligkeit*
willeclîch *adj., bereitwillig*
winster *adj., links*
wintprâ *stswf., (Wimper) Augenbrauen*
wirde *stf., Würde*
wirret *prs. zu* werren
wirs *Kompar., schlimmer, schlechter.*
wis *imper. von* wesen
wise, *swf., Wiese*
wîse *adj., weise, sich auf etwas verstehend*
wîselôs *adj., führerlos*
wislîchen *adv., klug*
wîstuom *stm., Weisheit, Verständigkeit*
witze *stf., Einsicht, Verstand, Klugheit, Weisheit*
wîzen *stv., zum Vorwurf machen*
wizzenlich *adj., bekannt, bewußt*
wol sprechen *mit dat., rühmen*
wort *stn., Wort, Aufforderung*
wunder *stn., wunderbare Tat, große Menge;* ze wunder, *unzählige Male;* mich nimt wunder, *ich bin erstaunt*
wunderlîch *adj., wunderbar, staunenswert*
wunsch *stm., das Höchste, das man wünscht, die Vollkommenheit*
wunschleben *stn., überaus schönes Leben*

zaher *stm., Zähre, Träne, Tropfen*
zal *stf., Bericht, Erzählung*
zallen = ze allen
ze *præp., zu, in, bei, in bezug auf*
zebrosten *plcp. von* zebresten *stv., zerbrechen*
zehant *adv., sofort*
zeim = ze einem
zein = ze ein; zeinem = ze einem
zeln *swv., zählen;* z. gein *rechnen zu*
zemen *stv., geziemen, anstehn*
zemen *swv., zähmen, sich vertraut machen*
zende = ze ende
zer = ze der
zerbrechen *stv., zerstören, unterbrechen* (daz wort)
zern *swv., verzehren, aufbrauchen, zubringen*
zêrn = ze êren, *zu Ehren*
zerfüeren *swv., zerstören, abstreifen*
zesewer *adj., unflektiert* zese, *rechts*
zestunt, *zur Stunde, sofort; s.* sâ
zeswellen *stv., bis zum Zerspringen anschwellen*
zetreten *swv., zertreten*
zewâre *adv., wahrlich*
ziehen *stv., ziehen;* sich z., *sich begeben.* ûf z., *erheben*
zil *stn., Ziel; das Höchste;* ez ist mir kommen ûf daz zil, *mir hat sich das Ziel gezeigt*
ziln *swv., zielen, zu Wege bringen*
zimierde *stf., Helmschmuck, ritterlicher Schmuck (frz.* cimière, *zu* la cime, *Gipfel)*
zimieren *swv., mit ritterlichem Schmucke versehen*
zin = ze in
zindâl *stm., Zindel, Taft (Stoff)*
zir = ze ir
ziu = ze iu
zobelîn *adj., von Zobel(pelz)*
zogen *swv., ziehen, eilen, sich begeben*
zucken *swv., entreißen*
zuht *stf., Zucht, feines Benehmen, Anstand; Strafe*
zuhte *præt. von* zucken, *ziehen;* unter füeze z., *überwältigen*
zunge *swf., Sprache*
zunft *stf., Schicklichkeit, Würde*
zwâre *s.,* zewâre
zwuo = zwô f. *zwei*

Bibliographischer Hinweis

Die gegenwärtig modernsten Parzival-Ausgaben sind:

Wolfram von Eschenbach, hg. v. Karl Lachmann. 7. Ausgabe, neu bearbeitet und mit einem Verzeichnis der Eigennamen und Stammtafeln versehen von Eduard Hartl. I. Bd.: *Lieder, Parzival und Titurel.* Berlin 1952.

Wolfram von Eschenbach, hg. v. Albert Leitzmann in der Altdeutschen Textbibliothek, Nr. 12 (*Parzival* Buch I–VI) in 6. Aufl. Tübingen 1953; Nr. 13 (*Parzival* Buch VII–XI) und Nr. 14 (*Parzival* Buch XII–XVI) in 4. Aufl. Tübingen 1955.

Die beiden jüngsten Gesamtdarstellungen, in denen die bisherige Forschung zu Wolfram und seinem Werk großenteils vermerkt, aufgehoben und verwertet ist:

Eduard Hartl, *Wolfram von Eschenbach.* In: *Verfasserlexikon der deutschen Literaturgeschichte des Mittelalters*, Bd. IV. Berlin 1953, Sp. 1058–1091. Dazu der Nachtrag von Walter Johannes Schröder, Bd. V. Berlin 1955, Sp. 1135–1138.

Helmut de Boor, *Wolfram von Eschenbach.* In: *Geschichte der deutschen Literatur*, Bd. II: *Die höfische Literatur.* München 1953, S. 90–127 und 327–331.

In essayistischer Form haben mit großer Kompetenz über den Parzival und seinen Autor zuletzt geschrieben:

Julius Schwietering, *Wolframs Parzival.* In: *Von deutscher Art in Sprache und Dichtung*, Bd. II. Stuttgart u. Berlin 1941, S. 235–248.

Friedrich Neumann, *Wolfram von Eschenbach.* In: *Die großen Deutschen. Deutsche Biographie*, I. Bd. Berlin 1956, S. 101–113.

Einen Einblick in die Problemlage der Wolfram-Forschung neuesten Standes vermitteln:

Hans Eggers, *Wolframforschung in der Krise? Ein Forschungsbericht.* In: Wirkendes Wort 4 (1953/54), S. 274–290.

Hugo Kuhn, *Parzival. Ein Versuch über Mythos, Glaube und Dichtung im Mittelalter.* In: Deutsche Vierteljahrsschrift für Literaturwissenschaft und Geistesgeschichte 30 (1956), S. 161–200.

Über die Wiederentdeckung Wolframs und das Wiederaufleben seines dichterischen Werkes in der neueren Zeit berichten:

Josef Götz, *Die Entwicklung des Wolframbildes von Bodmer bis zum Tode Lachmanns in der germanistischen und schönen Literatur.* Diss. Freiburg i. Br. 1940.

Ralph Lowet, *Wolfram von Eschenbachs Parzival im Wandel der Zeiten.* Schriftenreihe des Goethe-Instituts, Bd. 3. München 1955.

Ulrich Pretzel, *Die Übersetzungen von Wolframs Parzival.* In: Der Deutschunterricht, Jg. 5 (1954), S. 41–64.

GESAMTVERZEICHNIS

SAMMLUNG GÖSCHEN

DAS WISSEN DER WELT IN KURZEN
KLAREN, ALLGEMEINVERSTÄNDLICHEN
EINZELDARSTELLUNGEN NACH DEN
LEHRPLÄNEN DER DEUTSCHEN
UNIVERSITÄTEN UND HOCHSCHULEN
AUFGEBAUT

JEDER BAND DM 2,40
DOPPELBAND DM 4,80

STAND SEPTEMBER 1956

WALTER DE GRUYTER & CO.
BERLIN W 35

INHALTSVERZEICHNIS

	Seite
Biologie	8
Botanik	8
Chemie	8
Deutsche Sprache u. Literatur	4
Elektrotechnik	10
Englisch	5
Erd- und Länderkunde	6
Französisch	5
Geologie	9
Germanisch	5
Geschichte	3
Griechisch	5
Hebräisch	5
Hoch- und Tiefbau	11
Indogermanisch	5
Italienisch	5
Kristallographie	9
Kunst	3
Land- und Forstwirtschaft	9
Lateinisch	5
Maschinenbau	10
Mathematik	6
Mineralogie	9
Musik	3
Pädagogik	3
Philosophie	2
Physik	7
Psychologie	3
Publizistik	6
Religionswissenschaften	3
Russisch	5
Sanskrit	5
Soziologie	3
Technologie	8
Volkswirtschaft	6
Wasserbau	11
Zoologie	9

Geisteswissenschaften

Philosophie

Einführung in die Philosophie von *H. Leisegang†* 3. Aufl. 145 S. 1956 *(Bd. 281)*

Erkenntnistheorie von *G. Kropp*. 1. Teil: Allgemeine Grundlegung. 143 S. 1950 *(Bd. 807)*

Hauptprobleme der Philosophie von *G. Simmel†*. 7., unveränd. Aufl. 177 S. 1950 *(Bd. 500)*

Geschichte der Philosophie

I: Die griechische Philosophie von *W. Capelle*. 1. Teil. Von Thales bis Leukippos. 2., erw. Aufl. 135 S. 1953 *(Bd. 857)*

II: Die griechische Philosophie von *W. Capelle*. 2. Teil. Von der Sophistik bis zum Tode Platons. 2., stark erw. Aufl. 144 S. 1953 *(Bd. 858)*

III: Die griechische Philosophie von *W. Capelle*. 3. Teil. Vom Tode Platons bis zur alten Stoa. 2., stark erw. Aufl. 132 S. 1954 *(Bd. 859)*

IV: Die griechische Philosophie von *W. Capelle*. 4. Teil. Von der Alten Stoa bis zum Eklektizismus im 1. Jh. v. Chr. 2., stark erw. Aufl. 132 S. 1954 *(Bd. 863)*

V: Die Philosophie des Mittelalters von *J. Koch*. In Vorb. *(Bd. 826)*

VI: Von der Renaissance bis Kant von *K. Schilling*. 234 S. 1954 *(Bd. 394/394a)*

VII: Immanuel Kant von *G. Lehmann*. In Vorb. *(Bd. 536)*

VIII: Die Philosophie des 19. Jahrhunderts von *G. Lehmann*. 1. Teil. 151 S. 1953 *(Bd. 571)*

IX: Die Philosophie des 19. Jahrhunderts von *G. Lehmann*. 2. Teil. 168 S. 1953 *(Bd. 709)*
X: Die Philosophie im ersten Drittel des 20. Jahrhunderts von *G. Lehmann*. In Vorb. *(Bd. 845)*
Die geistige Situation der Zeit (1931) von *K. Jaspers*. 4., unveränd. Abdruck der 1932 bearb. 5. Aufl. 211 S. 1955 *(Bd. 1000)*
Philosophisches Wörterbuch von *M. Apel*†. 4.,unveränd. Aufl. 260 S. 1953 *(Bd. 1031)*
Philosophische Anthropologie. Menschliche Selbstdeutung in Geschichte und Gegenwart von *M. Landmann*. 266 S. 1955 *(Bd. 156/156a)*

Pädagogik, Psychologie Soziologie

Geschichte der Pädagogik von *H. Weimer*. 12. Aufl. 177 S. 1956 *(Bd. 145)*
Therapeutische Psychologie. Ihr Weg durch die Psychoanalyse von *W. M. Kranefeldt*. Mit einer Einführung von *C. G. Jung*. 3., unveränd. Aufl. 152 S. 1956 *(Bd. 1034)*
Allgemeine Psychologie von *Th. Erismann*. 1956. In Vorb. *(Bd. 852)*
Soziologie. Geschichte und Hauptprobleme von *L. von Wiese*. 5. Aufl. 162 S. 1954 *(Bd. 101)*
Sozialpsychologie von *P. R. Hofstätter*. 181 S., 15 Abb., 22 Tab. 1956. *(Bd. 104/104a)*
Psychologie des Berufs- und Wirtschaftslebens von *W. Moede*. 1956. In Vorb. *(Bd. 851)*
Industrie- und Betriebssoziologie von *R. Dahrendorf*. 120 S. 1956 *(Bd. 103)*

Religionswissenschaften

Jesus von *M. Dibelius*†. 2. Aufl. Unveränd. Nachdr. 137 S. 1949 *(Bd. 1130)*
Paulus von *M. Dibelius*†. Nach dem Tode des Verfassers herausgegeben und zu Ende geführt von *W. G. Kümmel*. 2. Aufl. 155 S. 1956 *(Bd. 1160)*
Römische Religionsgeschichte von *F. Altheim*. 2 Bde. 2., umgearb. Aufl.
I: Grundlagen und Grundbegriffe. 116 S. 1956 *(Bd. 1035)*
II: Der geschichtliche Ablauf. 164 S. 1956 *(Bd. 1052)*

Musik

Musikästhetik von *H. J. Moser*. 180 S. 1953 *(Bd. 344)*
Systematische Modulation von *R. Hernried*. 2. Aufl. 136 S. 1950 *(Bd. 1094)*
Der polyphone Satz von *E. Pepping*. 2 Bde. 1. Teil: Der cantus-firmus-Satz. 2.Aufl. 223 S. 1950 *(Bd. 1148)*
Allgemeine Musiklehre von *H. J. Moser*. 2., durchges. Aufl. 155 S. 1955 *(Bd. 220/220a)*
Harmonielehre von *H. J. Moser*. 2 Bde. I: 109 S. 1954 *(Bd. 809)*
Die Musik des 19. Jahrhunderts von *W. Oehlmann*. 180 S. 1953 *(Bd. 170)*
Die Musik des 20. Jahrhunderts I. von *W. Oehlmann*. In Vorb. *(Bd. 171)*
Technik der deutschen Gesangskunst von *H. J. Moser*. 3., durchges. und verb. Aufl. 144 S., 5 Fig. 1954 *(Bd. 576/576a)*
Die Kunst des Dirigierens von *H. W. von Waltershausen*†. 2. Aufl. 138 S. 1954 *(Bd. 1147)*
Die Technik des Klavierspiels aus dem Geiste des musikalischen Kunstwerkes von *K. Schubert*†. 3. Aufl. 110 S. 1954 *(Bd. 1045)*

Kunst

Stilkunde von *H. Weigert*. 2 Bde. 2. Aufl.
I: Vorzeit, Antike, Mittelalter. 136 S., 94 Abb. 1953 *(Bd. 80)*
II: Spätmittelalter und Neuzeit. 146 S., 84 Abb. 1953 *(Bd. 781)*
Archäologie von *A. Rumpf*. 2. Bde.
I: Einleitung, historischer Überblick. 143 S., 6 Abb., 12 Taf. 1953 *(Bd. 538)*
II: Die Archäologensprache. Die antiken Reproduktionen. 136 S., 7 Abb., 12 Taf. 1956 *(Bd. 539)*

Geschichte

Einführung in die Geschichtswissenschaft von *P. Kirn*. 2. Aufl. 121 S. 1952 *(Bd. 270)*
Zeitrechnung d. röm. Kaiserzeit,

des Mittelalters und der Neuzeit für die Jahre von 1—2000 n. Chr. von *H. Lietzmann* †. 3., durchges. Aufl. von *K. Aland*. 1956. In Vorb. *(Bd. 1085)*

Kultur der Urzeit von *F. Behn*. 3 Bde. 4. Aufl. der „Kultur der Urzeit". Bd. I—III von *M. Hoernes*.
I: Die vormetallischen Kulturen. (Die Steinzeiten Europas. Gleichartige Kulturen in anderen Erdteilen). 172 S., 48 Abb. 1950 *(Bd. 564)*
II: Die älteren Metallkulturen. (Der Beginn der Metallbenutzung. Kupfer- und Bronzezeit in Europa, im Orient und in Amerika). 160 S., 67 Abb. 1950 *(Bd. 565)*
III: Die jüngeren Metallkulturen. (Das Eisen als Kulturmetall. Hallstatt-Latène-Kultur in Europa. Das erste Auftreten des Eisens in den anderen Erdteilen). 149 S., 60 Abb. 1950 *(Bd. 566)*

Vorgeschichte Europas von *F. Behn*. Völlig neue Bearbeitung der 7. Aufl. der „Urgeschichte der Menschheit" von *M. Hoernes*. 125 S., 47 Abb. 1949 *(Bd. 42)*

Von den Karolingern zu den Staufern von *J. Haller*. Die altdeutsche Kaiserzeit (900—1250). 3. Aufl. 141 S., 4 Ktn. 1944 *(Bd. 1065)*

Deutsche Geschichte im Zeitalter der Reformation, der Gegenreformation und des 30jährigen Krieges von *F. Hartung*. 129 S. 1951 *(Bd. 1105)*

Deutsche Geschichte von 1648 bis 1740 von *W. Treue*. 120 S. 1956 *(Bd. 35)*

Deutsche Geschichte von 1713 bis 1806 von *W. Treue*. In Vorb. *(Bd. 39)*

Quellenkunde der deutschen Geschichte im Mittelalter (bis zur Mitte des 15. Jahrhunderts) von *K. Jacob*†. 3 Bde.
I: Einleitung. Allgemeiner Teil. Die Zeit der Karolinger. 5. Aufl. 118 S. 1949 *(Bd. 279)*
II: Die Kaiserzeit (911—1250). 4. Aufl. 127 S. 1949 *(Bd. 280)*
III: Das Spätmittelalter (vom Interregnum bis 1500). Herausgeg. von *F. Weden*. 152 S. 1952 *(Bd. 284)*

Geschichte Englands von *H. Preller*.
I: bis 1815. 3., stark umgearb. Aufl. 135 S., 7 Stammtaf., 2 Ktn. 1952 *(Bd. 375)*
II: von 1815 bis 1910. 2., völlig umgearb. Aufl. 118 S., 1 Stammtaf., 7 Ktn. 1954 *(Bd. 1088)*

Römische Geschichte von *F. Altheim*. 4 Bde. 2., verb. Aufl.
I: Bis zur Schlacht bei Pydna (168 v. Chr.). 123 S. 1956 *(Bd. 19)*
II: Bis zur Schlacht bei Actium (31 v. Chr.). 130 S. 1956 *(Bd. 677)*

Geschichte der Vereinigten Staaten von Amerika von *O. Graf zu Stolberg-Wernigerode*. 192 S., 10 Ktn. 1956 *(Bd. 1051/1051a)*

Deutsche Sprache und Literatur

Deutsches Rechtschreibungswörterbuch von *M. Gottschald*. 2., verb. Aufl. 269 S. 1953 *(Bd. 200/200a)*

Deutsche Wortkunde. Eine kulturgeschichtliche Betrachtung des deutschen Wortschatzes von *A. Schirmer*. 3., durchges. Aufl. 109 S. 1949 *(Bd. 929)*

Deutsche Sprachlehre von *W. Hofstaetter*. 9., neubearb. Aufl. von *G. Spree*. 144 S. 1953 *(Bd. 20)*

Stimmkunde für Beruf, Kunst und Heilzwecke von *H. Biehle*. 111 S. 1955 *(Bd. 60)*

Redetechnik. Einführung in die Rhetorik von *H. Biehle*. 115 S. 1954 *(Bd. 61)*

Sprechen und Sprachpflege (Die Kunst des Sprechens) von *H. Feist*. 2., verb. Aufl. 99 S., 25 Abb. 1952 *(Bd. 1122)*

Deutsches Dichten und Denken von der germanischen bis zur staufischen Zeit von *H. Naumann*. (Deutsche Literaturgeschichte vom 5.—13. Jahrhundert). 2., verb. Aufl. 166 S. 1952 *(Bd. 1121)*

Deutsches Dichten und Denken vom Mittelalter zur Neuzeit von *G. Müller* (1270—1700). 2., durchges. Aufl. 159 S. 1949 *(Bd. 1086)*

Der Nibelunge Nôt in Auswahl mit kurzem Wörterbuch von *K. Langosch*. 10., durchges. Aufl. 164 S. 1956 *(Bd. 1)*

Kudrun- und Dietrichepen in Auswahl mit Wörterbuch von *O. L. Jiriczek*. 2. Aufl. bearb. von *R. Wisniewski*. 1956. In Vorb. *(Bd. 10)*

Wolfram von Eschenbach. Parzifal. Eine Auswahl mit Anmerk. und Wörterbuch. Von *H. Jantzen.* 2. Aufl., bearb. von *H. Kolb.* 1956. In Vorb. *(Bd. 921)*
Die deutschen Personennamen von *M. Gottschald.* 2., verb. Aufl. 151 S. 1955 *(Bd. 422)*
Althochdeutsches Elementarbuch von *H. Naumann*† und *W. Betz.* 2. Aufl. 156 S. 1954 *(Bd. 1111)*
Mittelhochdeutsche Grammatik von *H. de Boor* und *R. Wisniewski.* 141 S. 1956 *(Bd. 1108)*

Indogermanisch, Germanisch

Gotisches Elementarbuch. Grammatik, Texte mit Übersetzung und Erläuterungen von *H. Hempel.* 2., umgearb. Aufl. 165 S. 1953 *(Bd. 79)*
Indogermanische Sprachwissenschaft von *H. Krahe.* 3. Aufl. 1956. In Vorb. *(Bd. 59)*
Germanische Sprachwissenschaft von *H. Krahe.* 2 Bde. 3. Aufl.
I: Einleitung und Lautlehre. 135 S. 1956. In Vorb. *(Bd. 238)*
Altnordisches Elementarbuch von *F. Ranke.* Schrifttum, Sprache, Texte mit Übersetzung und Wörterbuch. 2., durchges. Aufl. 146 S. 1949 *(Bd. 1115)*

Englisch, Französisch Italienisch

Altenglisches Elementarbuch von *M. Lehnert.* Einführung, Grammatik, Texte mit Übersetzung und Wörterbuch. 3., verb. Aufl. 178 S. 1955 *(Bd. 1125)*
Historische neuenglische Laut- und Formenlehre von *E. Ekwall.* 3., durchges. Aufl. 150 S. 1956 *(Bd. 735)*
Englische Phonetik von *H. Mutschmann* †. 1956. In Vorb. *(Bd. 601)*
Englische Literaturgeschichte. 4 Bde.
I: Die alt- und mittelenglische Periode v. *F. Schubel.* 163 S. 1954 *(Bd. 1114)*
II: Von der Renaissance bis zur Aufklärung von *F. Schubel.* 160 S. 1956 *(Bd. 1116)*
III: Romantik und Viktorianismus von *P. Meissner*†. 150 S. 1938 *(Bd. 1124)*
IV: Das 20. Jahrhundert von *P. Meissner*†. 150 S. 1939 *(Bd. 1136)*
Beowulf von *M. Lehnert.* Eine Auswahl mit Einführung, teilweiser Übersetzung, Anmerkungen und etymologischem Wörterbuch. 2., verb. Aufl. 135 S. 1949 *(Bd. 1135)*
Shakespeare von *P. Meissner*†. 2. Aufl. neubearb. von *M. Lehnert.* 136 S. 1954 *(Bd. 1142)*
Italienische Literaturgeschichte von *K. Vossler*†. Unveränd. Nachdr. der 1927 erschien. 4., durchges. und verb. Aufl. 148 S. 1948 *(Bd. 125)*
Romanische Sprachwissenschaft von *H. Lausberg.* 2 Bde.
I: Einleitung und Vokalismus. 160 S. 1956 *(Bd. 128/128a)*
II: Konsonantismus. 95 S. 1956 *(Bd. 250)*

Griechisch, Lateinisch

Griechische Sprachwissenschaft von *W. Brandenstein.* 2 Bde.
I: Einleitung, Lautsystem, Etymologie. 160 S. 1954 *(Bd. 117)*
Geschichte der griechischen Sprache. 2 Bde.
I: Bis zum Ausgang der klassischen Zeit von *O. Hoffmann*†. 3. Aufl. bearb. von *A. Debrunner.* 156 S. 1954 *(Bd. 111)*
II: Grundfragen und Grundzüge des nachklass. Griechisch. Von *A. Debrunner.* 144 S. 1954 *(Bd. 114)*
Geschichte der griechischen Literatur von *W. Nestle.* 2 Bde. 2., verb. Aufl.
I: Von den Anfängen bis auf Alexander d. Gr. 148 S. 1950 *(Bd. 70)*
II: Von Alexander d. Gr. bis zum Ausgang der Antike. 128 S. 1948 *(Bd. 557)*
Geschichte der lateinischen Sprache von *F. Stolz*†. 3., stark umgearb. Auflage von *A. Debrunner.* 136 S. 1953 *(Bd. 492)*

Hebräisch, Sanskrit, Russisch

Hebräische Grammatik von *G. Beer*†. 2 Bde. 2., völlig neub. Aufl. von *R. Meyer*
I: Schrift-, Laut- und Formenlehre I. 157 S. 1952 *(Bd. 763/763a)*
II: Formenlehre II. Syntax und Flexionstabellen. 195 S. 1955 *(Bd. 764/764a)*

Sanskrit-Grammatik von *M. Mayrhofer*. 89 S. 1953 (*Bd. 1158*)

Russische Grammatik von *E. Berneker*. 6., unveränd. Aufl. von *M. Vasmer*. 155 S. 1947 (*Bd. 66*)

Erd- und Länderkunde

Afrika von *F. Jaeger*. Ein geograph. Überblick. 2 Bde. 2., umgearb. Aufl.
I: Der Lebensraum. 179 S., 18 Abb. 1954 (*Bd. 910*)
II: Mensch und Kultur. 155 S., 6 Abb. 1954 (*Bd. 911*)

Iberoamerika von *O. Quelle*. In Vorb. (*Bd. 856*)

Australien und Ozeanien von *H. J. Krug*. 176 S., 46 Skizz. 1953 (*Bd. 319*)

Kartenkunde von *M. Eckert-Greifendorff*†. 3., durchges. Aufl. von *W. Kleffner*. 149 S., 63 Abb. 1950 (*Bd. 30*)

Volkswirtschaft, Publizistik

Allgemeine Betriebswirtschaftslehre von *K. Mellerowicz*. 3 Bde. 9., unveränd. Aufl.
I: 142 S. 1956 (*Bd. 1008*)
II: 112 S. 1956 (*Bd. 1153*)
III: 143 S. 1956 (*Bd. 1154*)

Allgemeine Volkswirtschaftslehre von *A. Paulsen*. 4 Bde.
I: Grundlegung, Wirtschaftskreislauf. 138 S. 1956 (*Bd. 1169*)
II: Haushalte, Unternehmungen, Marktformen. In Vorb. (*Bd. 1170*)
III: Produktionsfaktoren, Geldwesen. In Vorb. (*Bd. 1171*)
IV: Konjunktur, Außenhandel, staatliche Aktivität. In Vorb. (*Bd. 1172*)

Zeitungslehre von *E. Dovifat*. 2 Bde. 3., neubearb. Aufl.
I: Theoretische und rechtliche Grundlagen — Nachricht und Meinung — Sprache und Form. 148 S. 1955 (*Bd. 1039*)
II: Redaktion — Die Sparten Verlag und Vertrieb, Wirtschaft und Technik, Sicherung der öffentlichen Aufgabe. 158 S. 1955 (*Bd. 1040*)

Naturwissenschaften

Mathematik

Geschichte der Mathematik von *J. E. Hofmann*. 3 Bde.
I: Von den Anfängen bis zum Auftreten von Fermat und Descartes. 200 S. 1953 (*Bd. 226*)
II: In Vorb. (*Bd. 875*)
III: In Vorb. (*Bd. 882*)

Mathematische Formelsammlung von *F. Ringleb*. Vollst. umgearb. Neuausg. des Werkes von *O. Th. Bürklen*. 6., durchges. Aufl. 280 S., 57 Fig. 1956 (*Bd. 51/51 a*)

Fünfstellige Logarithmen von *A. Adler*. Mit mehreren graphischen Rechentafeln und häufig vorkommenden Zahlwerten. 2. Aufl. Neudr. 127 S., 1 Taf. 1949 (*Bd. 423*)

Höhere Algebra von *H. Hasse*. 2 Bde. 3., verb. Aufl.
I: Lineare Gleichungen. 152 S. 1951 (*Bd. 931*)
II: Gleichungen höheren Grades. 158 S., 5 Fig. 1951 (*Bd. 932*)

Aufgabensammlung zur höheren Algebra von *H. Hasse* und *W. Klobe*. 2., verb. und verm. Aufl. 181 S. 1952 (*Bd. 1082*)

Elementare und klassische Algebra vom modernen Standpunkt von *W. Krull*. 2 Bde. 2., erw. Aufl.
I: 136 S. 1952 (*Bd. 930*)

Einführung in die Zahlentheorie von *A. Scholz*†. Überarb. und herausgeg. von *B. Schoeneberg*. 2. Aufl. 128 S. 1955 (*Bd. 1131*)

Elemente der Funktionentheorie von *K. Knopp*. 4. Aufl. 144 S., 23 Fig. 1955 (*Bd. 1109*)

Funktionentheorie von *K. Knopp*. 2 Bde.
I: Grundlagen der allgem. Theorie der analytischen Funktionen. 8. Aufl. 139 S., 8 Fig. 1955 (*Bd. 668*)
II: Anwendungen und Weiterführung der allgemeinen Theorie. 8./9. Aufl. 130 S., 7 Fig. 1955 (*Bd. 703*)

Aufgabensammlung zur Funktionentheorie von *K. Knopp*. 2 Bde. 4. Aufl.
I: Aufgaben zur elementaren Funktionentheorie. 135 S. 1949 *(Bd. 877)*
II: Aufgaben zur höheren Funktionentheorie. 151 S. 1949 *(Bd. 878)*
Repetitorium und Aufgabensammlung zur Differentialrechnung von *A. Witting*†. 2., neub. Aufl. Durchges. Neudr. 145 S. 1949 *(Bd. 146)*
Repetitorium und Aufgabensammlung zur Integralrechnung von *A. Witting*†. 2., neubearb. Aufl. Durchges. Neudr. 121 S., 32 Fig., 309 Beisp. 1949 *(Bd. 147)*
Gewöhnliche Differentialgleichungen von *G. Hoheisel*. 5. Aufl. 129 S. 1956. *(Bd. 920)*
Partielle Differentialgleichungen v. *G. Hoheisel*. 3., neub. Aufl. 130 S. 1953 *(Bd. 1003)*
Aufgabensammlung zu den gewöhnlichen und partiellen Differentialgleichungen von *G. Hoheisel*. 2., umgearb. Aufl. 124 S. 1952 *(Bd. 1059)*
Mengenlehre von *E. Kamke*. 3., neub. Auflage. 194 S., 6 Fig. 1955 *(Bd. 999/999a)*
Darstellende Geometrie von *W. Haack*. 3 Bde.
I: Die wichtigsten Darstellungsmethoden. Grund- und Aufriß ebenflächiger Körper. 110 S., 117 Abb. 1954 *(Bd. 142)*
II: Körper mit krummen Begrenzungsflächen. Kotierte Projektionen. 129 S., 86 Abb. *(Bd. 143)*
III: Axonometrie, Perspektive. Photogrammetrie. In Vorb. *(Bd. 144)*
Sammlung von Aufgaben und Beispielen zur analytischen Geometrie der Ebene von *R. Haussner*†. Mit den vollständigen Lösungen. 139 S., 22 Fig. Neudr. 1949 *(Bd. 256)*
Nichteuklidische Geometrie. Hyperbolische Geometrie der Ebene. Von *R. Baldus*†. 3., verb. Aufl., durchges. und herausgeg. von *F. Löbell*. 140 S., 70 Fig. 1953 *(Bd. 970)*
Differentialgeometrie von *K. Strubecker* (früher Rothe). 2 Bde.
I: Kurventheorie der Ebene und des Raumes. 150 S., 18 Fig. 1955 *(Bd. 1113/1113a)*

Einführung in die konforme Abbildung von *L. Bieberbach*. 5., erw. Aufl. 180 S., 42 Fig. 1956. *(Bd. 768/768a)*
Vektoranalysis von *S. Valentiner*. Neudr. der 7. Aufl. (1950). 138 S., 19 Fig. 1954 *(Bd. 354)*
Vermessungskunde von *P. Werkmeister*. 3 Bde.
II: Messung von Horizontalwinkeln. Festlegung von Punkten im Koordinatensystem. Absteckungen. 7. Aufl. 151 S., 93 Fig. 1949 *(Bd. 469)*
III: Trigonometrische und barometrische Höhenmessung. Tachymetrie und Topographie. 6. Aufl. 147 S., 64 Fig. 1949 *(Bd. 862)*
Versicherungsmathematik von *F. Böhm*. 2 Bde.
I: Elemente der Versicherungsrechnung. 3., verm. verb. Aufl. Durchges. Neudr. 151 S. 1954 *(Bd. 180)*
II: Lebensversicherungsmathematik. Einführung in die technischen Grundlagen der Sozialversicherung. 2., verb. Aufl. 205 S. 1953 *(Bd. 917/917a)*

Physik

Einführung in die theoretische Physik von *W. Döring*. 4 Bde.
I: Mechanik. 119 S., 29 Abb. 1954 *(Bd. 76)*
II: Das elektromagnetische Feld. 123 S., 15 Abb. 1955 *(Bd. 77)*
III: Optik. 117 S., 32 Abb. 1956 *(Bd. 78)*
IV: Thermodynamik. 107 S., 9 Abb. 1956. *(Bd. 374)*
Atomphysik von *K. Bechert* und *Ch. Gerthsen*. 7 Bde. 3., umgearb. Aufl.
I: Allgemeine Grundlagen. 1. Teil. 124 S., 55 Abb. 1955 *(Bd. 1009)*
II: Allgemeine Grundlagen. 2. Teil. 112 S., 48 Abb. 1955 *(Bd. 1033)*
III: Theorie des Atombaus. 1. Teil. 148 S., 16 Abb. 1954 *(Bd. 1123/1123a)*
IV: Theorie des Atombaus. 2. Teil. 170 S., 14 Abb. 1954 *(Bd. 1165/1165a)*
Differentialgleichungen der Physik von *F. Sauter*. 2. Aufl. 148 S., 16 Fig. 1950 *(Bd. 1070)*

Physikalische Formelsammlung von *G. Mahler*† und *K. Mahler*. 9., durchges. Aufl. 153 S. mit 69 Fig. 1955 *(Bd. 136)*

Physikalische Aufgabensammlung von *G. Mahler*† und *K. Mahler*. Mit den Ergebn. 8., durchges. Aufl. 127 S. 1955 *(Bd. 243)*

Chemie

Geschichte der Chemie in kurzgefaßter Darstellung von *G. Lockemann*. 2 Bde.
I: Vom Altertum bis zur Entdeckung des Sauerstoffs. 142 S., 8 Bildn. 1950 *(Bd. 264)*
II: Von der Entdeckung des Sauerstoffs bis zur Gegenwart. 151 S., 16 Bildn. 1955 *(Bd. 265/265a)*

Anorganische Chemie von *W. Klemm*. 9., umgearb. Aufl. 180 S. 1956. *(Bd. 37)*

Organische Chemie von *W. Schlenk*. 6., erw. Aufl. 263 S. 1954 *(Bd. 38/38a)*

Allgemeine und physikalische Chemie von *W. Schulze*. 3 Bde. 4., neubearb. Aufl.
I: 139 S., 10 Fig. 1955 *(Bd. 71)*
II: 176 S., 37 Fig. 1956 *(Bd. 698/698a)*
III: 1956. In Vorb. *(Bd. 786)*

Analytische Chemie von *J. Hoppe*. 2 Bde. 5., verb. Aufl.
I: Reaktionen. 135 S. 1950 *(Bd. 247)*
II: Gang der qualitativen Analyse. 166 S. 1950 *(Bd. 248)*

Maßanalyse. Theorie und Praxis der klassischen und der elektrochemischen Titrierverfahren. Von *G. Jander* und *K. F. Jahr*. 303 S., 50 Fig. 1956. *(Bd. 221/221a)*

Thermochemie von *W. A. Roth*. 2., verb. Aufl. 109 S., 16 Fig. 1952 *(Bd. 1057)*

Physikalisch-chemische Rechenaufgaben von *E. Asmus*. 2. Aufl. 95 S. 1949 *(Bd. 445)*

Stöchiometrische Aufgabensammlung. Mit den Ergebn. von *W. Bahrdt*† und *R. Scheer*. 6., durchges. Aufl. 1956. In Vorb. *(Bd. 452)*

Elektrochemie und ihre physikalisch-chemischen Grundlagen von *A. Dassler*. 2 Bde.
I: 149 S., 21 Abb. 1950 *(Bd. 252)*
II: 178 S., 17 Abb. 1950 *(Bd. 253)*

Technologie

Warenkunde von *K. Hassak*† und *E. Beutel*†. 2 Bde. 7. Aufl. Neubearb. von *A. Kutzelnigg*
I: Anorganische Waren sowie Kohle und Erdöl. 116 S., 19 Fig. 1947 *(Bd. 222)*
II: Organische Waren. 143 S., 32 Fig. 1949 *(Bd. 223)*

Die Fette und Öle von *K. Braun*†. 5., völlig neubearb. und verb. Aufl. von *Th. Klug*. 145 S. 1950 *(Bd. 335)*

Die Seifenfabrikation von *K. Braun*†. 3., neubearb. und verb. Aufl. von *Th. Klug*. 116 S., 18 Abb. 1953 *(Bd. 336)*

Textilindustrie
I: Spinnerei und Zwirnerei. Von *A. Blümcke*. 111 S., 43 Abb. 1954 *(Bd. 184)*

Biologie

Einführung in die allgemeine Biologie von *M. Hartmann*. 132 S. 1956. *(Bd. 96)*

Hormone von *G. Koller*. 2., neubearb. und erw. Aufl. 187 S., 60 Abb., 19 Tab. 1949 *(Bd. 1141)*

Fortpflanzung im Tier- und Pflanzenreich von *J. Hämmerling*. 2., erg. Aufl. 135 S., 101 Abb. 1951 *(Bd. 1138)*

Geschlecht und Geschlechtsbestimmung im Tier- und Pflanzenreich von *M. Hartmann*. 2., verb. Aufl. 116 S., 61 Abb., 7 Tab. 1951 *(Bd. 1127)*

Grundriß der allgemeinen Mikrobiologie von *W. Schwartz*. 2 Bde.
I: 104 S 17 Abb. 1949 *(Bd. 1155)*
II: 93 S 12 Abb. 1949 *(Bd. 1157)*

Symbiose der Tiere mit pflanzlichen Mikroorganismen von *P. Buchner*. 2., verb. und verm. Aufl. 130 S. 121 Abb. 1949 *(Bd. 1128)*

Botanik

Entwicklungsgeschichte des Pflanzenreiches von *H. Heil*. 2. Aufl. 138 S. 94 Abb. 1 Tab. 1950 *(Bd. 1137)*

Morphologie der Pflanzen von *L. Geitler*. 3. Aufl. 126 S. 114 Abb. 1953 *(Bd. 141)*

Pflanzenzüchtung von *H. Kuckuck* 2 Bde. 3., völlig umgearb. Aufl.

I: Grundzüge der Pflanzenzüchtung. 132 S. 22 Abb. 1952 *(Bd. 1134)*

Die Laubhölzer. Kurzgefaßte Beschreibung der in Mitteleuropa gedeihenden Laubbäume und Sträucher. Von *F. W. Neger*† und *E. Münch*†. 3., durchges. Aufl. herausgeg. von *B. Huber.* 143 S. 63 Fig. 7 Tab. 1950 *(Bd. 718)*

Die Nadelhölzer (Koniferen) und übrigen Gymnospermen von *F. W. Neger*† und *E. Münch*†. 4. Aufl. Durchges. und erg. von *B. Huber.* 140 S., 75 Fig., 4 Tab., 3 Ktn. 1952 *(Bd. 355)*

Zoologie

Entwicklungsphysiologie der Tiere von *F. Seidel.* 2 Bde.
I: Ei und Furchung. 126 S., 29 Abb. 1953 *(Bd. 1162)*
II: Körpergrundgestalt und Organbildg. 159 S., 42 Abb. 1953 *(Bd. 1163)*

Das Tierreich.
Fische von *D. Lüdemann.* 130 S., 65 Abb. 1955 *(Bd. 356)*
Insekten von *H. von Lengerken.* 128 S., 58 Abb. 1953 *(Bd. 594)*
Lurche (Chordatiere) von *K. Herter.* 143 S., 129 Abb. 1955 *(Bd. 847)*
Spinnentiere (Trilobitomorphen, Fühlerlose) und Tausendfüßler. Von *A. Kaestner.* 96 S., 55 Abb. 1955 *(Bd. 1161)*
Würmer. Platt-, Hohl-, Schnurwürmer, Komptozoen, Ringelwürmer, Protracheaten, Bärtierchen, Zungenwürmer. Von *S. Jaeckel.* 114 S., 36 Abb. 1955 *(Bd. 439)*
Weichtiere. Urmollusken, Schnekken, Muscheln, Kopffüßer. Von *S. Jaeckel.* 92 S., 34 Abb. 1954 *(Bd. 440)*
Stachelhäuter. Tentakulaten, Binnenatmer u. Pfeilwürmer. Von *S. Jaeckel.* 100 S., 46 Abb. 1955 *(Bd. 441)*
Schwämme und Hohltiere von *H. J. Hannemann.* 95 S., 80 Abb. 1956 *(Bd. 442)*
Krebse (Crustacea) von *H. E. Gruner* und *K. Deckert.* 114 S., 43 Abb. 1956 *(Bd. 443)*
Protozoen von *E. Reichenow.* 115 S., 59 Abb. 1956 *(Bd. 444)*

Vergleichende Physiologie der Tiere von *K. Herter.* 2 Bde. 3. Aufl. der „Tierphysiologie".
I: Stoff- und Energiewechsel. 155 S., 64 Abb. 1950 *(Bd. 972)*
II: Bewegung und Reizerscheinungen. 148 S., 110 Abb. 1950 *(Bd. 973)*

Land- und Forstwirtschaft

Landwirtschaftliche Tierzucht. Die Züchtung und Haltung der landwirtschaftlichen Nutztiere von *H. Vogel.* 139 S., 11 Abb. 1952 *(Bd. 228)*

Kulturtechnische Bodenverbesserungen von *O. Fauser.* 2. Bde. 4., neubearb. Aufl.
I: Allgemeines, Entwässerung. 122 S., 47 Abb. 1947 *(Bd. 691)*
II: Bewässerung, Ödlandkultur, Umlegung. 150 S., 67 Abb. 1949 *(Bd. 962)*

Agrikulturchemie von *K. Scharrer.* 2 Bde.
I: Pflanzenernährung. 143 S. 1953 *(Bd. 329)*
II: Futtermittelkunde. 192 S. 1956. *(Bd. 330/330a)*

Geologie, Mineralogie Kristallographie

Kristallographie von *W. Bruhns*† und *P. Ramdohr.* 4. Aufl. 106 S., 163 Abb. 1954 *(Bd. 210)*

Einführung in die Kristalloptik von *E. Buchwald.* 4., verb. Aufl. 138 S., 121 Fig. 1952 *(Bd. 691)*

Lötrohrprobierkunde. Mineraldiagnose mit Lötrohr- und Tüpfelreaktion. Von *M. Henglein.* 3., verb. Aufl. 91 S., 11 Fig. 1949 *(Bd. 483)*

Mineral- und Erzlagerstättenkunde von *H. Huttenlocher*†. 2 Bde.
I: 128 S., 34 Abb. 1954 *(Bd. 1014)*
II: 156 S., 48 Abb. 1954 *(Bd. 1015/1015a)*

Allgemeine Mineralogie. 9., erw. Aufl. der „Mineralogie" von *R. Brauns*† und *K. F. Chudoba.* 104 S., 107 Fig., 1 Taf., 2 Tab. 1955 *(Bd. 29)*

Spezielle Mineralogie. 9., erw. Aufl. der „Mineralogie" von *R. Brauns*† und *K. F. Chudoba.* 133 S., 105 Fig. 1955 *(Bd. 31)*

Petrographie (Gesteinskunde) von *W. Bruhns*† und *P. Ramdohr.* 4., durchges. Aufl. 104 S., 10 Fig. 1955 *(Bd. 173)*

Geologie von *F. Lotze.* 176 S., 80 Abb. 1955 *(Bd. 13)*

Technik

Graphische Darstellung in Wissenschaft und Technik von *M. Pirani.* 3., verb. Aufl. bearb. von *J. Fischer.* 101 Abb. 1956. In Vorb. *(Bd. 728/728a)*

Elektrotechnik

Grundlagen der Elektrotechnik von *O. Mohr.* 3 Bde.
I: Die drei Feldformen. 96 S., 41 Abb., 6 Taf. 1956. *(Bd. 196)*
II: Die wichtigsten elektr. und phys. Grunderscheinungen. 95 S., 36 Abb., 7 Taf. 1956. *(Bd. 197)*
III: 91 S., 59 Abb. 1956. *(Bd. 198)*

Die Gleichstrommaschine von *K. Humburg.* 2 Bde. 2. Aufl. 1956.
I: 102 S., 59 Abb. 1956. *(Bd. 257)*
II: 98 S., 38 Abb. 1956. *(Bd. 881)*

Die synchrone Maschine von *K. Humburg.* Neudr. 109 S., 78 Abb. 1951 *(Bd. 1146)*

Induktionsmaschinen von *F. Unger.* 2., erw. Aufl. 142 S., 49 Abb. 1954 *(Bd. 1140)*

Die komplexe Berechnung von Wechselstromschaltungen von *H. H. Meinke.* 160 S., 114 Abb. 1949 *(Bd. 1156)*

Theoretische Grundlagen zur Berechnung der Schaltgeräte von *F. Kesselring.* 3. Aufl. 144 S., 92 Abb. 1950 *(Bd. 711)*

Einführung in die Technik selbsttätiger Regelungen von *W. zur Megede.* 1956. In Vorb. *(Bd. 714/714a)*

Elektromotorische Antriebe (Grundlagen für die Berechnung) von *A. Schwaiger.* 3., neubearb. Aufl. 96 S., 34 Abb. 1952 *(Bd. 827)*

Technische Tabellen und Formeln von *W. Müller.* 4., verb und erw. Aufl. von *E. Schulze.* 152 S., 105 Fig. 1951 *(Bd. 579)*

Überspannungen und Überspannungsschutz von *G. Frühauf.* Durchges. Neudr. 122 S., 98 Abb. 1950 *(Bd. 1132)*

Maschinenbau

Metallkunde. Einführendes über Aufbau, Eigenschaften und Untersuchung von Metallen und Legierungen sowie über Grundlagen des Schmelzens, des Gießens, des Verformens, der Wärmebehandlung, der Oberflächenbehandlung, der Verbinde- und Trennarbeiten von *H. Borchers.* 2 Bde.
I: Aufbau der Metalle und Legierungen. 3. Aufl. 120 S., 90 Abb., 2 Tab. 1956. *(Bd. 432)*

Die Werkstoffe des Maschinenbaues von *H. Thum* und *C. M. von Meysenbug.* 2 Bde.
I: Einführung in die Werkstoffprüfung. 2., neubearb. Aufl. 100 S., 7 Tab., 56 Abb. 1956. *(Bd. 476)*

Dynamik von *W. Müller.* 2 Bde. 2., verb. Aufl.
I: Dynamik des Einzelkörpers. 128 S., 48 Fig. 1952 *(Bd. 902)*
II: Systeme von starren Körpern. 102 S., 41 Fig. 1952 *(Bd. 903)*

Technische Schwingungslehre von *L. Zipperer.* 2 Bde. 2., neubearb. Aufl.
I: Allgemeine Schwingungsgleichungen, einfache Schwinger. 120 S., 101 Abb. 1953 *(Bd. 953)*
II: Torsionsschwingungen in Maschinenanlagen. 102 S., 59 Abb. 1955 *(Bd. 961/961a)*

Werkzeugmaschinen für Metallbearbeitung von *K. P. Matthes.* 4 Bde.
I: 100 S., 27 Abb., 11 Zahlentaf., 1 Tafelanh. 1954 *(Bd. 561)*
II: Fertigungstechnische Grundlagen der neuzeitlichen Metallbearbeitung. 101 S., 30 Abb., 5 Taf. 1955 *(Bd. 562)*

Das Maschinenzeichnen mit Einführung in das Konstruieren von *W. Tochtermann.* 2 Bde. 4. Aufl.
I: Das Maschinenzeichnen. 156 S., 77 Taf. 1950 *(Bd. 589)*
II: Ausgeführte Konstruktionsbeispiele. 130 S., 58 Taf. 1950 *(Bd. 590)*

Die Maschinenelemente von *E. A. vom Ende.* 3., verb. Aufl., 166 S., 175 Fig., 9 Taf. 1956. *(Bd. 3/3a)*

Maschinen der Walz- und Hüttenwerke von *L. Engel.* 1956. In Vorb. *(Bd. 581)*

Walzwerke von *H. Sedlaczek.* 2 Bde. In Vorb. *(Bd. 580 583)*

Getriebelehre von *P. Grodzinski.* 2 Bde. 2., neubearb. Aufl.

I: Geometrische Grundlagen. 159 S., 142 Fig. 1953 *(Bd. 1061)*

Gießereitechnik von *H. Jungbluth.* 2 Bde.
I: Eisengießerei. 126 S., 44 Abb. 1951 *(Bd. 1159)*

Die Dampfkessel und Feuerungen einschließlich Hilfseinrichtungen in Theorie, Konstruktion und Berechnung von *W. Marcard*†. 2 Bde. 2. Aufl. Neubearb. von *K. Beck.*
I: Die theoretischen Grundlagen, Wärme, Verbrennung, Wärmeübertragung. 150 S., 42 Abb., 16 Tab. 1951 *(Bd. 9)*
II: Dampfkessel. 147 S., 43 Abb. 1952 *(Bd. 521)*

Dampfturbinen, ihre Wirkungsweise, Berechnung und Konstruktion von *C. Zietemann.* 3 Bde. 3., verb. Aufl.
I: Theorie der Dampfturbinen. 139 S., 48 Abb. 1955 *(Bd. 274)*
II: Die Berechnung der Dampfturbinen und die Konstruktion der Einzelteile. 132 S., 111 Abb. 1956 *(Bd. 715)*
III: Die Regelung der Dampfturbinen, die Bauarten, Turbinen für Sonderzwecke, Kondensationsanlagen. 126 S., 90 Abb. 1956 *(Bd. 716)*

Transformatoren von *W. Schäfer.* 2. Aufl., 74 Abb. 1956 In Vorb. *(Bd. 952)*

Technische Thermodynamik von *W. Nußelt.* 3 Bde.
I: Grundlagen. 4., verb. Aufl. 144 S., 71 Abb. 1956. *(Bd. 1084)*
II: Theorie der Wärmekraftmaschinen. Neudr. 144 S., 87 Abb., 32 Zahlentaf. 1951 *(Bd. 1151)*

Autogenes Schweißen und Schneiden von *H. Niese.* 5. Aufl. Neubearb. von *A. Küchler.* 136 S., 71 Fig. 1954 *(Bd. 499)*

Die elektrischen Schweißverfahren von *H. Niese.* 2. Aufl. Neubearb. von *H. Dienst.* 136 S., 58 Abb. 1955 *(Bd. 1020)*

Hebezeuge. Entwurf von Winden und Kranen von *G. Tafel.* 2., verb. Aufl. 176 S., 230 Fig. 1954 *(Bd. 414/414a)*

Wasserbau

Wasserkraftanlagen von *A. Ludin* u. Mitarb. v. *W. Borkenstein.* 2 Bde.
I: Planung, Grundlagen und Grundzüge. 124 S., 60 Abb. 1955 *(Bd. 665)*

Verkehrswasserbau von *H. Dehnert.* 3 Bde.
I: Entwurfsgrundlagen, Flußregelungen. 103 S., 52 Abb. 1950 *(Bd. 585)*
II: Flußkanalisierung und Schiffahrtskanäle. 94 S., 60 Abb. 1950 *(Bd. 597)*
III: Schleusen und Hebewerke. 98 S., 70 Abb. 1950 *(Bd. 1152)*

Wehr- und Stauanlagen von *H. Dehnert.* 134 S., 90 Abb. 1952 *(Bd. 965)*

Talsperren von *F. Tölke.* 122 S., 70 Abb. 1953 *(Bd. 1044)*

Hoch- und Tiefbau

Die wichtigsten Baustoffe des Hoch- und Tiefbaus von *O. Graf.* 4., verb. Aufl. 131 S., 63 Abb. 1953 *(Bd. 984)*

Baustoffverarbeitung und Baustellenprüfung des Betons von *A. Kleinlogel.* 2., neubearb. und erw. Aufl. 126 S., 35 Abb. 1951 *(Bd. 978)*

Festigkeitslehre. 2 Bde.
I: Elastizität, Plastizität und Festigkeit der Baustoffe und Bauteile von *W. Gehler*† und *W. Herberg.* Durchges. und erw. Neudr. 159 S., 118 Abb. 1952 *(Bd. 1144)*
II: Formänderung, Platten, Stabilität und Bruchhypothesen von *W. Herberg* und *N. Dimitrov.* 187 S., 94 Abb. 1955 *(Bd. 1145/1145a)*

Grundlagen des Stahlbetonbaus von *A. Troche.* 2., neubearb. und erw. Aufl. 208 S., 75 Abb., 17 Bemessungstaf., 20 Rechenbeisp. 1953 *(Bd. 1078)*

Statik der Baukonstruktionen von *A. Teichmann.* 3 Bde.
I: Grundlagen. 100 S., 51 Abb., 8 Formeltaf. 1956 *(Bd. 119)*
II: Statik bestimmter Stabwerke. 57 Abb., 9 Taf. 1956. In Vorb. *(Bd. 120)*

Fenster, Türen, Tore aus Holz und Metall. Eine Anleitung zu ihrer guten Gestaltung, wirtschaftlichen Bemessung und handwerksgerechten Konstruktion von *W. Wickop.* 4., überarb. und erg. Aufl. 155 S., 95 Abb. 1955 *(Bd. 1092)*

Heizung und Lüftung von *J. Kör-*

ting† und *W. Körting*. 2 Bde. 8., neubearb. Aufl.
I: Das Wesen und die Berechnung der Heizungs- und Lüftungsanlagen. 140 S., 29 Abb., 18 Zahlentaf. 1951 *(Bd. 342)*

II: Die Ausführung der Heizungs- und Lüftunganlagen. 152 S., 165 Abb., 7 Zahlentaf. 1954 *(Bd. 343)*

Industrielle Kraft- und Wärmewirtschaft von *F. A. F. Schmidt*. 1956 In Vorb. *(Bd. 318/318a)*

SAMMLUNG GÖSCHEN / BANDNUMMERNFOLGE

1 Langosch, Der Nibelunge Nôt
3/3a v. Ende, Die Maschinenelemente
9 Marcard-Beck, Dampfkessel I
10 Jiriczek-Wisniewski, Kudrun- und Dietrichepen
13 Lotze, Geologie
19 Altheim, Röm. Geschichte I
20 Hofstaetter-Spree, Dt. Sprachlehre
29 Brauns-Chudoba, Allg. Mineralogie
30 Eckert-Greifendorff-Kleffner, Kartenkunde
31 Brauns-Chudoba, Spez. Mineralogie
35 Treue, Dt. Geschichte von 1648 bis 1740
37 Klemm, Anorganische Chemie
38/38a Schlenk, Organ. Chemie
39 Treue. Dt. Geschichte von 1713 bis 1806
42 Behn, Vorgeschichte Europas
51/51a Ringleb-Bürklen, Mathematische Formelsammlung
59 Krahe, Indogerm. Sprachwiss.
60 Biehle, Stimmkunde
61 Biehle, Redetechnik
66 Berneker-Vasmer, Russische Grammatik
70 Nestle, Griech. Literaturgesch. I
71 Schulze, Allg. u. phys. Chemie I
76 Döring, Einf. i. d. theoret. Physik I
77 Döring, – II
78 Döring, – III
79 Hempel, Gotisches Elementarb.
80 Weigert, Stilkunde I
96 Hartmann, Einf. i. d. allgem. Biologie
101 v. Wiese, Soziologie
103 Dahrendorf, Industrie- und Betriebssoziologie
104/104a Hofstätter, Sozialpsychologie
111 Hoffmann-Debrunner, Gesch. d. griechischen Sprache I
114 Debrunner, Geschichte der griechischen Sprache II
117 Brandenstein, Griechische Sprachwissenschaft I
119 Teichmann, Statik der Baukonstruktionen I
120 Teichmann, - II
125 Vossler, Italienische Literaturgeschichte
128/128a Lausberg, Roman. Sprachwissenschaft I
136 Mahler, Physikalische Formelsammlung
141 Geitler, Morphol. der Pflanzen
142 Haack, Darst. Geometrie I
143 Haack, Darst. Geometrie II
144 Haack, Darst. Geometrie III
145 Weimer, Gesch. der Pädagogik
146 Witting, Repetitorium und Aufgabensammlung zur Differentialrechnung
147 Witting, Repetitorium und Aufgabensammlung zur Integralrechnung
156/156a Landmann, Philosophische Anthropologie
170 Oehlmann, Musik des 19. Jahrhunderts
171 Oehlmann, Musik des 20. Jahrhunderts I
173 Bruhns-Ramdohr, Petrographie
180 Böhm, Versicherungsmath. I
184 Blümcke, Spinnerei und Zwirnerei
196 Mohr, Grundlagen d. Elektrotechnik I
197 Mohr, – II
198 Mohr, – III
200/200a Gottschald, Dt. Rechtschreibungswörterbuch
210 Bruhns-Ramdohr, Kristallographie
220/220a Moser, Allg. Musiklehre

221/221a Jander-Jahr, Maßanalyse
222 Hassak-Beutel, Warenkunde I
223 Hassak-Beutel, — II
226 Hofmann, Geschichte der Mathematik I
228 Vogel, Landw. Tierzucht
238 Krahe, German. Sprachwiss. I
243 Mahler, Physikal. Aufgabensammlung
247 Hoppe, Analytische Chemie I
248 Hoppe, — II
250 Lausberg, Roman. Sprachwissenschaft II
252 Dassler, Elektrochemie I
253 Dassler, — II
256 Haussner, Aufgabensamml. zur analyt. Geometrie der Ebene
257 Humburg, Die Gleichstrommaschine I
264 Lockemann, Geschichte der Chemie I
265/265a Lockemann, — II
270 Kirn, Einführung in die Geschichtswissenschaft
274 Zietemann, Dampfturbinen I
279 Jacob, Quellenkunde der deutschen Geschichte I
280 Jacob, — II
281 Leisegang, Einführung in die Philosophie
284 Jacob-Weden, Quellenkunde der deutschen Geschichte III
318/318a Schmidt, Industrielle Kraft- und Wärmewirtschaft
319 Krug, Australien und Ozeanien
329 Scharrer, Agrikulturchemie I
330/330a Scharrer, — II
335 Braun-Klug, Fette und Öle
336 Braun-Klug, Seifenfabrikation
342 Körting, Heizung und Lüftung I
343 Körting, — II
344 Moser, Musikästhetik
354 Valentiner, Vektoranalysis
355 Neger-Münch, Nadelhölzer
356 Lüdemann, Fische
374 Döring, Einf. in die theoret. Physik IV
375 Preller, Geschichte Englands I
394/394a Schilling, Von der Renaissance bis Kant
414/414a Tafel, Hebezeuge I
422 Gottschald, Dt Personennamen
423 Adler, Fünfstell. Logarithmen
432 Borchers, Metallkunde I
439 Jaeckel, Würmer
440 Jaeckel, Weichtiere
441 Jaeckel, Stachelhäuter
442 Hannemann, Schwämme und Hohltiere
443 Gruner-Deckert, Krebse
444 Reichenow, Protozoen
445 Asmus, Physikal.-chemische Rechenaufgaben
452 Bahrdt-Scheer, Stöchiometrische Aufgabensammlung
469 Werkmeister, Vermessungskunde II
476 Thum-Meysenbug, Die Werkstoffe des Maschinenbaus I
483 Henglein, Lötrohrprobierkunde
492 Stolz-Debrunner, Geschichte der lateinischen Sprache
499 Niese, Autogen. Schweißen
500 Simmel, Hauptprobleme der Philosophie
521 Marcard-Beck, Dampfkessel II
536 Lehmann, Kant
538 Rumpf, Archäologie I
539 Rumpf, — II
557 Nestle, Griechische Literaturgeschichte II
561 Matthes, Werkzeugmaschinen I
562 Matthes, — II
564 Behn, Kultur der Urzeit I
565 Behn, — II
566 Behn, — III
571 Lehmann, Philosophie des 19. Jahrhunderts I
576/576a Moser, Gesangskunst
579 Müller-Schulze, Techn. Tabellen
580 Sedlaczek, Walzwerke I
581 Engel, Maschinen der Walz- und Hüttenwerke
583 Sedlaczek, Walzwerke II
585 Dehnert, Verkehrswasserbau I
589 Tochtermann, Maschinenzeichnen I
590 Tochtermann, — II
594 Lengerken, Insekten
597 Dehnert, Verkehrswasserbau II
601 Mutschmann, Engl. Phonetik
619 Buchwald, Kristalloptik
665 Ludin, Wasserkraftanlagen I
668 Knopp, Funktionentheorie I
677 Altheim, Röm. Geschichte II
691 Fauser, Kulturtechn. Bodenverbesserungen I
692 Fauser, — II
698/698a Schulze, Allgemeine und physikalische Chemie II
703 Knopp, Funktionentheorie II
709 Lehmann, Philosophie des 19. Jahrhunderts II

711 Kesselring, Berechnung der Schaltgeräte
714/714a zur Megede, Einf. in die Technik selbstät. Regelungen
715 Zietemann, Dampfturbinen II
716 Zietemann, — III
718 Neger-Münch, Laubhölzer
728 Pirani, Graph. Darstellung
735 Ekwall, Historische neuengl. Laut und Formenlehre
763/763a Beer-Meyer, Hebräische Grammatik I
764/764a Beer-Meyer, — II
768/768a Bieberbach, Einführung in die konforme Abbildung
781 Weigert, Stilkunde II
786 Schulze, Allgem. und physikalische Chemie III
807 Kropp, Erkenntnistheorie I
809 Moser, Harmonielehre I
826 Koch, Philosophie des Mittelalters
827 Schwaiger, Elektromotorische Antriebe
845 Lehmann, Philosophie im ersten Drittel des 20. Jahrhunderts
847 Herter, Lurche
851 Moede, Psychologie des Berufs- und Wirtschaftslebens
852 Erismann, Allg. Psychologie
856 Quelle, Iberoamerika
857 Capelle, Griech. Philosophie I
858 Capelle, — II
859 Capelle, — III
862 Werkmeister, Vermessungskunde III
863 Capelle, Griech. Philosophie IV
875 Hofmann, Gesch. d. Math. II
877 Knopp, Aufgabensammlung zur Funktionstheorie I
878 Knopp, Gesch. d. Math. II
881 Humburg, Gleichstrommaschine II
882 Hofmann, — III
902 Müller, Dynamik I
903 Müller, — II
910 Jaeger, Afrika I
911 Jaeger, — II
917/917a Böhm, Versicherungsmathematik II
920 Hoheisel, Gewöhnliche Differentialgleichungen
921 Jantzen-Kolb, W. v. Eschenbach
929 Schirmer, Dt. Wortkunde
930 Krull, Elementare und klassische Algebra I
931 Hasse, Höhere Algebra I
932 Hasse, — II
952 Schäfer, Transformatoren
953 Zipperer, Techn. Schwingungslehre I
961/961a Zipperer, Techn. Schwingungslehre II
965 Dehnert, Wehr- und Stauanlagen
970 Baldus-Löbell, Nichteuklid. Geometrie
972 Herter, Tierphysiologie I
973 Herter, — II
978 Kleinlogel, Baustoffverarb. u. Baustellenprüf. des Betons
984 Graf, Die wichtigsten Baustoffe des Hoch- u. Tiefbaus
999/999a Kamke, Mengenlehre
1000 Jaspers, Geistige Situation
1003 Hoheisel, Partielle Differentialgleichungen
1008 Mellerowicz, Allgemeine Betriebswirtschaftslehre I
1009 Bechert-Gerthsen, Atomphysik I
1014 Huttenlocher, Mineral- und Erzlagerstättenkunde I
1015/1015a Huttenlocher, — II
1020 Niese-Dienst, Elektr. Schweißverfahren
1031 Apel, Philosophisches Wörterbuch
1033 Bechert-Gerthsen, Atomphysik II
1034 Kranefeldt, Therapeutische Psychologie
1035 Altheim, Röm. Religionsgeschichte I
1039 Dovifat, Zeitungslehre I
1040 Dovifat, — II
1044 Tölke, Talsperren
1045 Schubert, Technik des Klavierspiels
1051/1051a zu Stolberg-Wernigerode, Gesch. der Verein. Staaten von Amerika
1052 Altheim, Röm. Religionsgeschichte II
1057 Roth, Thermochemie
1059 Hoheisel, Aufgabensammlung zu den gewöhnl. und partiellen Differentialgleichungen
1061 Grodzinski, Getriebelehre I

1065 Haller, Von den Karolingern zu den Staufern
1070 Sauter, Differentialgleichungen der Physik
1078 Troche, Stahlbetonbau
1082 Hasse-Klobe, Aufgabensamml. zur Höheren Algebra
1084 Nußelt, Technische Thermodynamik I
1085 Lietzmann, Zeitrechnung
1086 Müller, Dt. Dichten u. Denken
1088 Preller, Geschichte Englands II
1092 Wickop, Fenster, Türen, Tore
1094 Hernried, System. Modulation
1105 Hartung, Dt. Geschichte im Zeitalter der Reformation
1108 de Boor-Wisniewski, Mittelhochdeutsche Grammatik
1109 Knopp, Elemente der Funktionentheorie
1111 Naumann-Betz, Althochdeutsches Elementarbuch
1113/1113a Strubecker, Differentialgeometrie I
1114 Schubel, Englische Literaturgeschichte I
1115 Ranke, Altnord. Elementarbuch
1116 Schubel, Englische Literaturgeschichte II
1121 Naumann, Dt. Dichten und Denken
1122 Feist, Sprechen u. Sprachpflege
1123/1123a Bechert-Gerthsen, Atomphysik III
1124 Meissner, Englische Literaturgeschichte III
1125 Lehnert, Altengl. Elementarbuch
1127 Hartmann, Geschlecht und Geschlechtsbestimmung im Tier- und Pflanzenreich
1128 Buchner, Symbiose der Tiere mit pflanzl. Mikroorganismen
1130 Dibelius, Jesus
1131 Scholz-Schoeneberg, Einführung in die Zahlentheorie
1132 Frühauf, Überspannungen und Überspannungsschutz
1134 Kuckuck, Pflanzenzüchtung I
1135 Lehnert, Beowulf
1136 Meissner, Englische Literaturgeschichte IV
1137 Heil, Entwicklungsgeschichte des Tier- und Pflanzenreichs
1138 Hämmerling, Fortpflanzung im Tier- und Pflanzenreich
1140 Unger, Induktionsmaschinen
1141 Koller, Hormone
1142 Meissner-Lehnert, Shakespeare
1144 Gehler-Herberg, Festigkeitslehre I
1145/1145a Herberg-Dimitrov, - II
1146 Humburg, Synchrone Maschine
1147 v. Waltershausen, Kunst des Dirigierens
1148 Pepping, Der polyphone Satz I
1151 Nußelt, Technische Thermodynamik II
1152 Dehnert, Verkehrswasserbau III
1153 Mellerowicz, Allgem. Betriebswirtschaftslehre II
1154 Mellerowicz, — III
1155 Schwartz, Mikrobiologie I
1156 Meinke, Kompl. Berechnung der Wechselstromschaltung
1157 Schwartz, Mikrobiologie II
1158 Mayrhofer, Sanskrit-Grammatik
1159 Jungbluth, Gießereitechnik I
1160 Dibelius-Kümmel, Paulus
1161 Kaestner, Spinnentiere
1162 Seidel, Entwicklungsphysiolog. der Tiere I
1163 Seidel, — II
1165/1165a Bechert-Gerthsen, Atomphysik IV
1169 Paulsen, Allgemeine Volkswirtschaftslehre I
1170 Paulsen, — II
1171 Paulsen, — III
1172 Paulsen, — IV

AUTORENREGISTER

Adler 6
Altheim 3, 4
Apel 3
Asmus 8
Bahrdt-Scheer 8
Baldus-Löbell 7
Bechert-Gerthsen 7
Beer-Meyer 5
Behn 4
Berneker-Vasmer 6
Betz 5
Bieberbach 7
Biehle 4
Blümcke 8
Böhm 7
de Boor-Wisniewski 5
Borchers 10
Brandenstein 5
Braun-Klug 8
Brauns-Chudoba 9
Bruhns-Ramdohr 9
Buchner 8
Buchwald 9
Capelle 2
Dahrendorf 3
Dassler 8
Debrunner 6
Dehnert 11
Dibelius 3
Dibelius-Kümmel 3
Döring 7
Dovifat 6
Eckert-Greifendorff-Kleffner 6
Ekwall 5
Ende, vom 10
Engel 10
Erismann 3
Fauser 9
Feist 4
Frühauf 10
Gehler-Herberg 11
Geitler 8
Gottschald 5
Graf 11
Grodzinski 10
Gruner-Deckert 9
Haack 7
Haller 4
Hämmerling 8
Hannemann 9
Hartmann 8
Hartung 4
Hassak-Beutel-Kutzelnigg 8
Hasse 6
Hasse-Klobe 7
Haussner 7
Heil 8
Hempel 5
Henglein 9
Herberg-Dimitrov 11
Hernried 3
Herter 9
Hoffmann-Debrunner 5
Hofmann 6
Hofstätter 3
Hofstaetter-Spree 4
Hoheisel 7
Hoppe 8
Humburg 10
Huttenlocher 9
Jacob 4
Jacob-Weden 4
Jaeckel 9
Jaeger 6
Jander-Jahr 8
Jantzen 5
Jiriczek 4
Jaspers 3
Jungbluth 11
Kaestner 9
Kamke 7
Kesselring 10
Kirn 3
Kleinlogel 11
Klemm 8
Knopp 6, 7
Koch 2
Kolb 5
Koller 8
Körting 12
Krahe 5
Kranefeldt 3
Kropp 2
Krug 6
Krull 6
Kuckuck 8
Landmann 3
Langosch 4
Lausberg 5
Lehmann 2, 3
Lehnert 5
Leisegang 2
Lengerken, von 9
Lietzmann 3, 4
Lockemann 8
Lotze 9
Ludin-Borkenstein 11
Lüdemann 9
Mahler 8
Marcard-Beck 11
Matthes 10
Mayrhofer 6
Megede, zur 10
Meinke 10
Meissner 5
Mellerowicz 6
Moede 3
Mohr 10
Moser 3
G. Müller 4
W. Müller 10
Müller-Schulze 10
Mutschmann 5
Naumann 4
Naumann-Betz 5
Neger-Münch 9
Nestle 5
Niese-Dienst 11
Niese-Küchler 11
Nußelt 11
Oehlmann 3
Paulsen 6
Pepping 3
Pirani 10
Preller 4
Quelle 6
Ranke 5
Reichenow 9
Ringleb-Bürklen 6
Roth 8
Rumpf 3
Sauter 7
Schäfer 11
Scharrer 9
Schilling 2
Schirmer 4
Schlenk 8
Schmidt 12
Scholz-Schoeneberg 6
Schubel 5
Schubert 3
Schulze 8
Schwaiger 10
Schwartz 8
Sedlaczek 10
Seidel 9
Simmel 2
Stolberg-Wernigerode, zu 4
Stolz-Debrunner 5
Strubecker 7
Tafel 11
Teichmann 11
Thum-Meysenbug 10
Tochtermann 10
Tölke 11
Treue 4
Troche 11
Unger 10
Valentiner 7
Vogel 9
Vossler 5
Waltershausen, von 3
Weigert 3
Weimer 3
Werkmeister 7
Wickop 11
Wiese, von 3
Wisniewski 4
Witting 7
Zietemann 11
Zipperer 10

FSC
www.fsc.org
MIX
Papier | Fördert gute Waldnutzung
FSC® C083411

Kolibri 360 GmbH
Ferdinand-Jühlke-Straße 7
99095 Erfurt, Deutschland
produktsicherheit@kolibri360.de